KB261494

삼성전자와 타이거 우즈,
그 16가지 교훈

고즈윈은 좋은책을 읽는 독자를 섬깁니다.
당신을 닮은 좋은책 — 고즈윈

삼성전자와 타이거 우즈,
그 16가지 교훈

김광호 지음

1판 1쇄 발행 | 2005. 11. 10.
1판 2쇄 발행 | 2006. 1. 5.

저작권자 ⓒ 2005 김광호
이 책의 저작권자는 위와 같습니다. 저작권자의 동의 없이
내용의 일부를 인용하거나 발췌하는 것을 금합니다.
Copyrights ⓒ 2005 by Kim Kwang Ho
All rights reserved including the rights of reproduction
in whole or in part in any form. Printed in KOREA.

발행처 | 고즈윈
발행인 | 고세규
신고번호 | 제313-2004-00095호
신고일자 | 2004. 4. 21.
(121-819) 서울특별시 마포구 동교동 200-19번지 501호
전화 02)325-5676 팩시밀리 02)333-5980

값은 표지에 있습니다.
ISBN 89-91319-40-8

고즈윈은 항상 책을 읽는 독자의 기쁨을 생각합니다.
고즈윈은 좋은책이 독자에게 행복을 전한다고 믿습니다.

삼성전자&
타이거우즈,
그 16가지 교훈

김광호
지음

고즈윈
God'sWin

인간은 타고난 것에 그다지 좌우되지 않는다.
인간은 스스로 자신을 만들어나가는 존재이다.
– 알렉산더 그레이엄 벨 –

필자의 웹사이트 주소는 www.combi337.co.kr이다. 전화번호는 0502-337-×××4, 이메일은 combi337@yahoo.co.kr이다. 필자가 세상과 커뮤니케이션할 때는 늘 337이라는 숫자가 함께한다. 337은 추억의 응원박수 소리를 떠올리게 한다. '청군 이겨라, 백군 이겨라'를 외치던 운동회에서 337박수 소리와 빅토리, 빅토리 외치던 함성은 힘과 용기를 주는 에너지원이었다. 승리를 바라는 일치된 마음의 표현이었다.

지금 하고 있는 일을 포함하여 초등학교 시절에 이르기까지, 필자의 포지션은 항상 치어리더였다. 플레이어의 역할이 주어져 필드를 뛰어 보기도 했지만, 치어리더만큼 성과를 내지 못했고 재미도 없었다. 응원단과 마주서서 플레이어를 향해 손짓으로 몸짓으로 일사불란한 연출을 할 때가 가장 신명이 났고 성과가 좋았다. 필자의 미션은 치어리더였던 것이다.

치어리더로서 지켜본 타이거 우즈와 삼성전자의 플레이는 탁월하다. 기량과 실력이 출중할 뿐만 아니라 프로 세계의 성패를 좌우하는 승부에서도 놀라운 성과를 만들어 내고 있다.

타이거 우즈는 2004년에 단 1승을 거두는 데 그쳤고 상금랭킹도 4위로 밀렸다. 세계 1위와 올해의 선수상을 비제이 싱에게 빼앗긴 타이거 우즈는 종이호랑이라는 말까지 들어야 했다. 그러나 2005년, 돌아온 타이거 우즈는 화려하게 필드를 사로잡았다. 4개의 메이저대회 가운데 마스터스와 브리티시 우승, US오픈 준우승, PGA챔피언십 공동 4위를 기록하여 자신이 명실상부한 챔피언임을 다시 한 번 입증했다. 프로에 데뷔한 이래 상금만 5,000만 달러를 넘어섰고, 광고료와 대회초청료 등을 포함하면 천문학적인 수입을 올리고 있다.

2005년 6월 소니는 최고경영자를 교체했다. 이데이 노부유키 회장이 물러나고 외국인인 하워드 스트링거가 소니의 사령탑을 맡았다. 누가 소니의 이데이 회장을 물러나게 했을까? 바로 시장(市場)이다. 그리고 그 시장에는 삼성전자가 있었다. 소니는 삼성전자의 스승이기도 했다. 벤치마킹 대상이었고 학습 모델이었다. 그런 삼성전자가 매출과 순이익에서 소니를 압도한 것은 물론, 인터브랜드가 발표하는 브랜드 순위에서도 추월을 했다. 탁월한 기술력과 스피드, 디자인, 그리고 일사불란한 팀워크로 소니를 앞서며 IT의 선두로 부상한 것이다.

타이거 우즈의 바탕색은 레드(Red), 삼성전자의 바탕색은 블루(Blue)다. 타이거 우즈와 삼성전자는 서로의 바탕색만큼이나 서로 다르다. 그런 이들에게 운명과도 같은 닮은 점이 있다. 그들은 1975년생이다. 타이거 우즈는 1975년에 태어났고, 그해 삼성전자는 기업을 공개했다. 이들에게는 아버지라는 위대한 스승이 있었고, 연습벌레, 공부벌레라는 별명이 붙을 정도로 피땀 어린 노력을 하였다. 이들은 스탠포드 정신을 가지고 있다. 타이거 우즈는 스탠포드에서 경제학을 전공하였고 삼성전자 반도체 주역들은 스탠포드에서 공부를 했다. 그리고 이들의 성공은 벼락출세가 아니었다. 철저하게 단계를 밟아 올라갔으며, '수신, 제가, 치국, 평천하' 라는 과정을 거쳤다.

이 책의 중심에는 '한 명이 수십만 명을 먹여 살린다' 는 시대의 인재상이 있다. 기업에서는 이들을 핵심인재라 부르며, 어떤 사람들은 이들을 스타 또는 프로페셔널이라고 부른다. 한마디로 이들은 최고의 성과를 낸다. 우리는 빌 게이츠를 컴퓨터의 황제, 펠레를 축구황제, 마이클 조던을 농구황제, 슈마허를 자동차황제, 이창호를 바둑의 황제라고 부른다. 그리고 타이거 우즈를 골프황제, 삼성전자를 IT의 황제라고 부른다. 이들에게는 늘 빛나고 빛나는 최고의 영예인 황제라는 칭호가 함께한다.

타이거 우즈나 삼성전자가 가르치는 시간은 오늘이다. 아득한 전설 속의 과거도 아니고, 알 수 없는 미래도 아니다. 그들은 현재(Now), 이곳에서(Here) 치열한 노력을 하고 있고, 탁월한 성과를 만들어 내고 있다. 엄청난 가치를 창조하고 부를 일구어 내고 있으며 빛나는 브랜드가 되어 사람들에게 감동을 주고 있다. 힘들고, 어렵고, 어디에도 희망이 없어 보인다는 이른바 'No Where' 들에게 타이거 우즈와 삼성전자의 스토리는 'Now Here(지금 그리고 여기)' 에 필요한 교훈과 에너지를 전해준다.

　필자는 이 책을 통해 황제라는 꿈을 설정하고 열정을 가슴에 품고 고도의 기술을 익히기 위해 피땀 어린 노력을 기울이는 수십만 명의 '미래의 황제' 들에게 그 길로 가는 지도를 그려 주고 싶었다. 스스로 수십만 명을 먹여 살리고 이끄는 핵심인재가 되려는 이들에게 하나의 이정표를 보여 주고 싶었다.

　그 길의 단초를 제공하고 올바른 방향으로 이끌어준 고즈윈의 고세규 대표와 편집팀의 수고에 감사드린다. 그리고 치어리더의 서툰 손놀림에 박수를 쳐 준 고마운 분들이 있다. 필자의 글에, 말에, 그리고 메시지에 성원을 보내 준 그분들이 나를 키웠고 이 책을 있게 했다. 노력을 게을리 하지 않겠다는 말로 감사의 인사를 전한다.

2005년 11월

김광호

차례

시작에는 '꿈'이 있었다

"어떤 일을 할 수 있다고 믿든지, 할 수 없다고 믿든지, 아마도 당신이 믿는 그대로 될 것이다."

-헨리 포드(Henry Ford)

빨강(Red) 파랑(Blue)을 합치면 보라(Violet)가 된다. 타이거 우즈의 컬러는 빨간색, 삼성전자는 파란색이다. 타이거 우즈와 삼성전자를 합치면 어떤 컬러가 나올까? '보라(Behold)'가 나온다. 컬러의 보라(Violet)가 아니라 '이정표를 바라보다'의 '보라!'가 탄생한다. 그들의 이정표에는 빛나는 이름 '황제(皇帝)'가 새겨져 있다. 그리고 그들의 출발점에는 '꿈'이 있다. 골프 황제 타이거 우즈, IT 황제 삼성전자, 그곳으로 가는 시작에는 꿈이 있었다.

1975년 4월 30일, 베트남 호치민 시(市). 사이공으로 불리던 이곳 미대사관의 성조기가 내려지면서 지루한 정글의 전쟁은 막을 내리게 된다. 그로부터 8개월 후 12월 30일, 미국 캘리포니아 오렌지카운티에서 한 아이가 태어난다. 아버지는 얼 우즈, 베트남에 그린베레로 참전한 정글의 전사로, 인디언과 흑인의 피를 이어받았다. 어머니 쿨디다는 태국육군성에 근무하던 직업 군인으로, 태국인과 중국인의 피를 한 몸에 지녔다. 아이의 이름은 타이거 우즈, 30년이 지난 지금 그는 프로페셔널 전사(戰士), 골프의 황제로 세계 무대의 중심에 서 있다.

같은 해 1975년, 삼성전자는 기업을 공개한다. 1969년 2월에 작은 씨앗을 뿌린 삼성전자를 세상에 공개하여 지속적인 자금투입을 통해 본격 육성하고, IT의 무한세계에 도전하겠다는 출사표를 던진 것이다. 삼성전자의 중심인 반도체는 1974년 위기에 있던 부천의 한국반도체를 인수한 것이 시작이었고, 이때 이 회사를 인수한 사람은 당시 동양방송(TBC) 이사인 이건희 회장이었다. 그로부터 30년, 까마득한 후발주자인 삼성전자는 굴지의 세계기업들을 제치고 반도체의 황제로 부상했다.

지금 '황제'라 불리는 타이거 우즈와 삼성전자의 30년 전은 미약하고 작은 씨앗이었다. 그러나 이 씨앗은 마침내 싹을 틔워 뿌리를 내렸고 잎이 돋았으며 온갖 시련을 경험하고 이겨내며 나이테를 감았다. 그리하여 지금은 뿌리 깊은 거목이 되어 그 위용을 드러내고 있다.

삼성전자와 타이거 우즈, 그 신화의 동력은 무엇일까. 무엇이 그들로 하여금 '최고'의 첫발을 내딛게 했을까.

그것은 꿈이었다. 꿈은 방향을 가르쳐 주었고 목적으로 이끌어 주었으며, 실행하게 하였다. 세계 최고가 되어야겠다는 월드 베스트의 꿈은 그들을 넘버원에 이르게 했다. 타이거 우즈와 삼성전자에게 꿈은 희망이자 방향이었다.

흑인의 위대한 희망

어린 타이거 우즈가 살던 캘리포니아의 오렌지카운티는 백인들의 거주 지역이었다. 유색인종 타이거 우즈의 이주가 달가웠을 리 없다. 타이거의 집 현관에는 'Welcome'이라 쓰인 카펫이 깔려 있었지만 방문하는 사람은 없었고, 협박의 돌멩이가 자주 창을 두드렸고 공기총의 위협도 있었다. 이유는 단 하나, 그들이 '블랙(Black)'이라는 것 때문이었다.

타이거 우즈에게 블랙(Black)은 운명이자 숙명이다. 백인이 세상의 중심을 지배하고 있을 때, 블랙은 변방의 하류였다. 백인이 무소불위의 권한을 갖고 규칙을 만드는 룰 메이커(Rule Maker)의 '갑(甲)'이라면, 흑인은 여기에 따라 움직여야 하는 룰 팔로워(Rule Follower) '을(乙)'의 인생을 살았다. 블랙은 속박이었고 부자유였다.

그런 블랙이 차별의 설움과 편견의 부당함을 끊어 내는 길은 기존 질서에 맞서 이기는 것뿐이었다. 타이거 우즈는 골프로 그들을 이기고 세계를 정복할 꿈을 꾼다. 골프 황제라는 꿈은 어린 타이거 우즈에게 해방구를 보여 주었고 다른 블랙들에게는 희망이 되었다.

삼성상회의 꿈, 사업보국

28세의 청년 이병철은 1938년 대구 수동에 삼성상회를 설립한다. 글로벌 삼성의 시작이다. 대구 근교에서 수집한 청과물과 포항, 방어진 등지에서 들여온 건어물을 중국과 만주에 수출했으며 제분기와 제면기를 설치해 국수를 만들어 팔았다.

그는 가게 밖에는 무역과 유통을 하는 삼성상회라는 간판을 달고, 가슴 안에는 '사업보국(事業報國)'이라는 꿈의 간판을 걸었다. 값싸고 질 좋은 상품을 만들어 고객에게 최상의 서비스로 제공하고, 건실한 경영과 이익 창출로 회사를 발전시켜, 나라에는 세금을, 종업원에게는 임금을, 주주에게는 배당을 하여 사회에 공헌하고 국가에 봉사하겠다는 마스터플랜을 세운 것이다.

서른 안쪽 무렵의 꿈은 대부분 입신양명(立身揚名)이나 호의호식(好衣好食)이게 마련이지만 이병철은 일제 강점기의 암울한 상황에서 개인과 기업을 뛰어넘는 '보국'이라는 큰 꿈을 세운다. 사업보국은 삼성이 가야 할 방향을 일러주는 북극성이었다.

인류사회에 공헌한다

꿈은 진화한다. 이후 삼성의 꿈은 세계로 그 경계를 확장한다. 1987년 삼성의 CEO로 취임한 이건희 회장은 5년간의 은둔을 마치고 1993년 새롭게 꿈을 설정한다. 이때 그는 국가를 뛰어넘어 인류(人類)를 향한 더 크고 위대한 꿈을 들고 나왔다.

"인재와 기술을 바탕으로 최고의 제품과 서비스를 창출하여 인류사회에 공헌한다."

1993년 발표한 삼성의 경영이념이다. 국가를 넘어 인류의 공동 이익과 풍요로운 삶에 기여하겠다는 사명 선언이다. 삼성전자의 경영 핵심요소인 핵심인재, 기술우위 확보, 월드 베스트 제품과 서비스는 바로 '인류사회에 공헌' 하겠다는 꿈의 산물이다.

모든 황제의 시작에는 꿈이 있다

선명하게 빛나는 꿈은 황제로 가는 이정표다. 어디로 갈 것인지, 어떻게 갈 것인지 꿈은 등대가 되어 주고 나침반과 지도가 되어 준다. 꿈은 희망이다. 무엇이 될 것인지 그림을 보여 준다. 꿈은 엔진이다. 심장을 뜨겁게 하고 피를 솟구치게 한다. 꿈은 에너지다. 지치지 않는 힘을 공급해 준다. 지금, 이 자리에서 무엇이 되고 싶은지 꿈을 꾸어라. 모든 황제의 시작은 꿈이다.

'비전 54(Vision 54)'는 스웨덴 골프 국가대표팀의 꿈이다. 18홀 모두 버디를 기록하여 18언더파 54타를 치겠다는 야무진 목표다. 스웨덴 국가대표 출신인 아니카 소렌스탐이 59타로 세계 최저타 기록을 보유하고 있는 것도 '비전 54'라는 꿈이 있었기에 가능한 일이었다. 그리고 요한손, 파르네빅, 아니카 소렌스탐의 동생 샬롯 타 소렌스탐, 노이만, 요르스 등 우수한 남녀 프로들을 배출한 것 도 '비전 54'가 이정표 역할을 했기 때문이다. 꿈이 있어야 길이 보인다.

꿈은 희망이다

1997년 박세리가 미 LPGA에 진출하면서 기자들이 장래 포부를 묻자 "명예의 전당에 입회하겠다."고 꿈을 밝힌다. 기자들은 말로 만 듣던 명예의 전당에 입회하려면 어떤 조건을 충족시켜야 하는 지 자료를 찾아보고는 고개를 절레절레 흔들었다.

명예의 전당에 헌액되려면 세 가지 조건을 충족시켜야 하는데, 첫째, 10년 이상 미 LPGA에서 활동할 것, 둘째, 메이저대회에서 우승하거나 베어트로피(최저타수상)를 한 차례라도 수상할 것, 셋째 27포인트(우승 1점, 메이저대회 우승 2점) 이상 획득할 것 등이다. 무명의 소녀가 당찬 출사표를 밝히자 기자들은 '꿈도 야무지다'는 표정을 지을 수밖에 없었는데, 박세리는 2004년 마침내 미켈럽 오 픈 우승으로 27포인트를 채워 이제 2007년이 되면 명예의 전당에 입회하게 된다.

꿈이 적당하면 결과도 적당하고 꿈이 특별하면 결과도 특별하다. 특별한 꿈, 명예의 전당 입회는 박세리의 꿈이었다.

꿈은 엔진이다

한 해 18승, 11개 대회 연속 우승, 평균 스코어 68.33타. 골프 역사상 전무했고 앞으로도 난공불락일 것 같은 기록이 1945년 바이런 넬슨에 의해 수립된다. 대기록을 수립한 바이런 넬슨은 1945년 새해를 맞이하여 생애 최대의 프로젝트를 수립하는데, 목장주인이 되겠다는 꿈이 그것이었다. 어려웠던 헝그리 골퍼에게 목장주인은 부의 상징이었고, 목장은 여유 있는 노후를 보낼 수 있는 풍요로운 터전이었다.

꿈은 엔진이다. 목장주인이라는 꿈을 설정한 그는 여기에 필요한 자금을 만들기 위해 대회 참가와 우승이라는 현실적이고 구체적인 세부목표를 수립하여 실천한다. 3월 마이애미 포 볼 대회에서부터 6월 캐나다에서 열린 PGA 챔피언십까지 한 대회도 놓치지 않고 11연승을 했는데, 날씨는 찌는 듯 더웠고 허리 통증까지 와서 극한 상황의 연속이었다. 그러나 꿈은 그를 움직였고, 광활한 미대륙을 오가며 11연승이라는 놀라운 기록을 이루게 하였다. 당시 대회 진행 방식은 한 게임이라도 지면 그대로 아웃되는 매치 플레이였는데, 바이런 넬슨은 목장주인이라는 강력한 꿈의 엔진이 있었기 때문에 어려운 상황에서도 높은 집중력을 발휘할 수 있었다.

꿈이 있는가, 꿈을 갖게 하는가

일류 조직과 탁월한 리더는 꿈을 만들고 공유한다. 마틴 루터 킹 목사의 "I have a Dream, 나에게는 꿈이 있다"는 말은 지배와 피지배의 관계 속에서 오래도록 갈등하던 흑백의 싸움을 매듭짓게 하였다. 소프트뱅크 CEO 손정의는 키가 작아서 사과궤짝 위에 올라가 '소프트제국 건설'의 꿈을 밝혀야 했는데, 그때의 꿈이 지금의 소프트뱅크다. 마이크로소프트의 'Master of Universe, 우주의 지배자', 소니의 'Digital Dream Kids, 디지털 테크놀로지에 대한 새로운 꿈' 등 일류 조직과 탁월한 리더는 꿈을 꾸고, 꿈을 향해 나아간다.

심리학자 윌리엄 몰턴 마스턴(William Moulton Marston)은 말했다. "자신이 원하는 바가 무엇인지 깨달아라. 그때부터 당신은 나비를 쫓아다니는 일을 그만두고 금을 캐러 다니기 시작할 것이다."

2 생각하라, 사고하라

백팔번뇌

골프는 번뇌다. 욕구와 집착으로 마음속에 갈등이 인다. 성공한 리더나 CEO들도 마음대로 안 되는 것 두 가지가 있다고 한다. '자식과 골프'다. 어디로 튈지 모르는 예측불허인 이 두 존재는 가까이 가면 달아나고 외면하려 하면 눈앞에 어른거린다.

야구공의 실밥은 108매듭으로 되어 있다. 골프 홀의 크기는 10.8센티, 108밀리다. 108매듭, 108밀리. 말 만들기 좋아하는 골퍼들이 그냥 지나칠 리 없다. 골프의 메카 스코틀랜드에는 이런 농담이 있다. 대자대비하신 부처님께서 한적한 스코틀랜드 해안가를 산책하는데 목동들이 멱살잡이 다툼을 하고 있어 "무슨 일로 다투는고?" 하고 물으셨다. 이에 어느 목동은 골프를 쉽게 하기 위하여 홀을 크게 하자 하고, 어느 목동은 그렇게 하면 재미가 없으니 작게 하자며 결론이 나지 않는 싸움을 벌이니, 부처님께서 혀를 차며 "인간지사 백팔번뇌이리니, 백팔 밀리로 하라."고 말씀하시어 골프 홀이 백팔 밀리가 되었다는 이야기다.

이 이야기는 믿거나 말거나 류의 말이지만 골프는 분명 백팔번뇌의 과정이다. 골프는 탄탄대로가 아니다. 산 넘고 물 건너는 우여곡절이 있다. 페어웨이 한 가운데로 시원하게 날아간 볼이 샌드 디보트(sand divot) 안에 떨어질 때도 있고, 커다란 바위 뒤에서 볼이 멈추기도 한다. 때로는 볼에 진흙이 묻기도 하고, 볼이 물에 빠지거나 모래무덤, 벙커에 들어가기도 한다.

티샷 지점인 티잉 그라운드에서 목표인 홀이 있는 그린에 이르기까지에는 길이 있다. 그런데 하수에게는 외통수만 보인다. 단선적 사고다. 고수에게는 여러 가지 길이 보이고 그 가운데 가장 이상적인 방법을 선택해서 간다. 다면적 사고다. 챔피언들은 없는 길도 만들며 간다. 창조적이고 입체적인 사고다.

다음 사례를 보면 챔피언들의 자유롭고 유연한 상상력과 창조력의 세계를 실감할 수 있다.

1 유럽투어 토너먼트에서 있었던 일이다. 독일의 베른하르트 랑거가 친 볼이 지면에서 약 4.5미터 위에 있는 나뭇가지에 박힌다. 어떻게 처리했을까?

2 골프의 전설 월터 헤이건이 그린을 향해 친 볼이 벙커에 빠졌다. 그런데 이 볼은 종이컵 속으로 들어가 있었다. 월터 헤이

건은 언플레이 볼을 선언하고 드롭을 요청했지만 경기 진행요원은 볼이 해저드에 있는 상태에서는 불가하다고 선언했다. 월터 헤이건은 이 볼을 어떻게 처리했을까?

3 1999년 피닉스 오픈 4라운드에서 타이거 우즈의 볼이 800킬로그램이 넘는 바위 앞에 떨어졌다. 한 타를 버리고 레이업 샷으로 돌아가는 것이 골프의 정석이다. 타이거 우즈는 이 바위와 볼을 어떻게 처리했을까?

1의 처리: 골프규칙에 따르면 언플레이 볼도 우선 그 볼이 자신의 볼인지를 확인해야 한다. 웨지클럽을 들고 나무에 올라간 베른하르트 랑거는 나무에서 샷을 하겠다고 결정했다. 한쪽 다리로 균형을 잡고 다른 다리로 버티며 그린을 향해 친 볼은 정확하게 그린에 안착하였고 성공적인 파 퍼팅으로 마무리했다.

2의 처리: 종이컵 속에 있는 볼을 어떻게 처리할 것인지 담배를 물고 심사숙고하던 월터 헤이건은 갤러리와 경기관계자들이 지켜보는 가운데 불이 꺼지지 않은 담배꽁초를 종이컵에 던졌다. 종이컵은 즉시 불에 타 사라져 버리고 헤이건은 볼을 쳐 내파를 기록했다.

3의 처리: 800킬로그램이 넘는 바위를 움직일 수 없는 장애물로 보면 한 타를 버리고 돌아가면 되고, 움직일 수 있는 장애물로 보면 옮겨놓고 샷을 하면 된다. 골프천재 타이거 우즈는 이 바위를 움직일 수 있는 있는 장애물로 간주했다. 결국 캐디와 갤

러리들이 힘을 합하여 이 바위를 치웠고, 이제 볼 앞에 샷을 가
로막는 장애물은 아무것도 없었다. 타이거 우즈는 그린을 향해
샷을 했고 볼은 정확하게 그린에 안착했다.

생각의 차이가 핸디캡의 차이

골프에는 수많은 길이 있다. 골프 설계가들은 이 길에 많은 '부
비트랩(booby trap)'을 설치해 놓았다. OB구역, 벙커, 해저드 등
골프장은 지뢰밭이다. 이런 수많은 장애를 넘어 목표를 향해 나아
감에 있어 고정된 시각과 얕은 사고만으로 대처하다 보면, 그가 가
는 길은 남들도 모두 다 가는 길일 따름이다. 그러나 '넥스트 샷'
을 생각하면 수많은 길이 나타난다. 그리고 남들이 가지 않은 이
길에는 남다른 성공이 존재한다. 골프에서 생각의 차이는 핸디캡
의 차이를 만들어 내는 것이다.

4대 메이저대회를 모두 우승한 사람을 그랜드슬래머(Grand
Slammer)라 부른다. 최초의 그랜드슬래머는 골프의 전설 보비 존
스다. 영국과 미국을 오가며 양국의 오픈과 챔피언십을 모두 우승
한 뒤 은퇴한 보비 존스는 최고의 대회인 마스터스 대회를 창설했
고, 조지아주에 명문 골프장 오거스타 GC를 만들었다. 그는 이렇
게 말했다.

"오거스타에서는 어떤 홀이라도 생각을 하는 골퍼들에게는 버

디 기회를 제공합니다. 그러나 만일 생각하기를 멈추었을 경우에는 어떤 홀에서건 쉽게 더블보기를 기록할 수 있습니다."

MAN+AGE+MENT

글자를 분해하면 뜻이 보인다. 새로울 신(新)을 보자. 설 립(立), 나무 목(木), 도끼 근(斤)이다. 서 있는 나무를 도끼로 내려친다는 말이다. 새롭다는 말에는 이처럼 고통과 결단이 필요하다는 의미가 담겨 있다. NEWS는 동서남북이다. North, East, West, South. 사방팔방에서 일어나는 새로운 소식을 전하는 것이 뉴스다.

경영을 의미하는 Management를 보자. Man, Age, Ment로 나눌 수 있다. 각각의 의미는 사람(Man)과 세월(Age), 그리고 움직임(Ment)이다. 경영, Management에는 경영의 주역인 사람과 기다림의 세월과 그리고 움직임이라는 실행의 메시지가 담겨 있다. 눈여겨볼 것은 사람(Man)과 움직임(Ment)을 연결하는 세월(Age)이다. 세월은 그저 흘려보내는 시간을 의미하지 않는다. 생각하고 고민하고 궁리하는 전략적 시간을 의미한다. 그 전략적 시간 속에는 역사와 철학의 연륜이 배어 있어야 한다.

백의종군한 이순신이 삼도수군통제사로 임명되었을 때, 남아 있던 것은 전선 12척과 패잔병뿐이었다. 명량의 물길을 넘어 한강으로 올라가려는 적선(敵船)은 무려 200척. 이순신(Man)은 백의종군한 몸이었고, 움직임(Ment)은 12척의 전선과 패잔병뿐이었다. 이순신은 부족한 이 둘에 '세월(Age)'이라는 전략적 요소를 결합한다. "한산섬 달 밝은 밤에 수루에 홀로 앉아 큰 칼 옆에 차고 깊은 시름하는 적에"라 했던 그의 노래처럼 그는 '깊은 시름'이라는 남다른 고민과 생각의 결과를 토대로 전략을 펼쳐 17전 17승이라는 퍼펙트게임을 이끌어 낸다.

히딩크, 'He think'

명장 거스 히딩크, 한국팀 감독으로 부임한 그는 족집게처럼 문제를 집어낸다. 선수들이(Man), 열심히 90분 동안 줄기차게 뛰는데(Ment), 생각과 고민(Age)이 없다는 것이다. 그는 지적과 함께 곧장 다음과 같이 처방한다.

"끊임없이 생각하라." "무슨 일이 있을 때 그냥 수긍하고 넘어가지 말고, '왜?'라는 궁금증을 가지고 질문하라."

그러자 그저 정신력만으로 열심히 뛰던 선수들에게 새로운 길이 보이기 시작했다. 어떻게 하면 공격을 위한 새로운 공간을 만들어 낼 수 있는지, 어떻게 하면 나의 의도가 상대방에게 노출되지 않는지, 어떻게 하면 더 빠르게 골문을 공략할 수 있는지 생각하기 시작한 것이다. 선배의 명령에 따라 학연에 따라 정해진 몇 가지 패턴으로 움직이던 선수들이 적의 움직임을 보며 그라운드를 읽고, 어떻게 패스할 것인지를 궁리하면서 창조적인 플레이를 연출하기 시작했다. 그런 그들은 처음엔 혼란을 겪기도 했지만, 날이 갈수록 강해졌고 마침내 신화를 창조했다. 히딩크는 'He Think'다.

리더의 '업의 본질'

리더들의 업의 본질은 무엇일까? 비전 제시, 동기 부여, 열정 공급자, 치어리더, 기업가정신, 지휘자, 멘토 등 여러 가지로 접근할 수 있겠지만, 리더의 업의 본질은 '깊은 생각'에 있다. 리더는 생각이 업(業)이고 생각을 업(Up)해야 한다.

빌 게이츠의 Think Week

세계최고의 부자, IT 업계 최고의 기업 가운데 하나인 마이크로소프트 창업자 빌 게이츠는 일 년에 두 차례 은둔휴가를 떠난다. 빌 게이츠는 이 휴가를 '생각 주간(Think Week)'이라고 명명한다. 1980년대 할머니 집의 조용한 분위기 속에서 MS에 대한 전략을 구상했던 것이 시초가 되었다. 그 뒤 그가 생각 주간을 통해 내놓은 전략들은 MS와 IT 업계에 큰 파장을 낳았다. 보완성이 강화된 소프트웨어 개발, 온라인 비디오 게임 사업에 대한 아이디어도 모두 생각 주간에서 시작된 것이라 한다. 그의 생각 주간에는 MS의 고위임원은 물론 가족까지도 접근금지다.

이때 그의 하루 일과는 태평양에 인접한 미국 서북부 지방의 한 호숫가에 위치한 작은 규모의 2층짜리 별장에서 MS 직원들이 제출한 보고서를 읽고 생각하는 것이 전부다. 그는 창 너머로 산이 보이는 이곳에서 아침을 생략하고 하루 두 끼만 먹는다. 식사할 때를 제외하고는 거의 모든 시간을 2층 침실에서 보낸다. 책장에는 세계고전문학 작품들이 가득 채워져 있고, 침실 벽에는 프랑스의 대문호 빅토르 위고의 초상화가 걸려 있으며, 방에는 침대와 컴퓨터 책상이 단출하게 놓여 있다고 한다. 여기서 그는 전 세계 MS 사원들이 작성한 보고서와 제안서를 읽는다. 때론 18시간 내내 독서삼매경에 빠지기도 한다. 빌 게이츠는 생각을 위하여 자신만의 공간에서 자신만의 시간을 가지며 다가올 미래를 준비한다.

워런 버핏, 오마하의 현인

워런 버핏과 함께 점심식사 한 끼를 하는 데 얼마나 들까? 매년 인터넷 경매사이트에서는 워런 버핏과 점심을 같이하며 투자조언을 듣는 이벤트가 벌어진다. 2005년에는 6월 23일부터 6월 30일까지 경매가 벌어졌는데, 2만 5천 달러에서 시작한 경매가가 결국 35만 달러에 낙찰되었다. 점심 한 끼가 약 3억 5천만 원인 셈이다. 물론 이 가격은 밥값이 아니라 워런 버핏의 '생각의 값'이다. 수익금은 빈곤층을 지원하는 자선단체에 기부된다고 한다.

빌 게이츠에 이은 세계 2위 부자, 월가(街)의 전설적 인물, 가치투자의 1인자로 불리는 워런 버핏은 투자의 본거지인 뉴욕의 월가에서 2,000킬로미터 이상 떨어진 그의 고향 오마하에 근무한다. 주식시장의 흐름을 정확히 꿰뚫고 기업가치에 바탕을 둔 투자로 유명한 워런 버핏은 '오마하의 현인(Oracle of Omaha)'이라고도 불린다.

워런 버핏은 왜 고향에서 근무할까? 정보와 사람보다 더 중요한 생각에 투자하기 위해서다. 멀리 떨어져 있어야 더 깊고 다양하게 생각할 수 있고 기업들의 진면목을 읽을 수 있기 때문이다. 고향 오마하에서 여유와 깊은 사유를 즐기는 워런 버핏의 가치투자 제1원칙은 "모르는 종목에는 투자하지 않는다"이다. 너무도 평범하지만 진리와도 맞닿아 있는 듯한 이 원리는 깊고 깊은 생각 끝에서 얻어낸 것이다.

사색의 제왕, 이건희

〈뉴스위크〉지는 2003년 11월에 발행한 606호의 표지인물로 이건희 회장을 실었다. 타이틀은 '은둔의 제왕(The Hermit King)'이었다. 기사는 삼성의 행보가 한국 경제에 엄청난 영향을 미치며, 이건희 회장이 한마디 하면 최고경영자, 정치인을 막론하고 모두들 열심히 그 의미를 해석한다면서 카리스마를 지닌 은둔자의 영향력을 소개하고 있었다.

경청(傾聽), 사색(思索), 몰두(沒頭), 관찰(觀察), 은둔(隱遁), 직관(直觀) 등은 이건희 회장을 형용하는 단어들이다. 혼자 있기를 좋아하고 말을 아끼며 사물의 본질을 캐내는 작업을 즐긴다.

이건희 회장의 생각의 힘은 삼성의 방향을 결정하는 이정표다. 신경영, 질경영, 스피드경영, 구조조정, 월드 베스트, 핵심인재, 디자인 등 시대를 앞선 화두를 던지면 전문경영인들과 구조조정본부는 기회를 만들고 부가가치를 창출한다.

이건희 회장에게는 빌 게이츠처럼 '생각 주간'이 따로 필요하지 않다. 사생활을 거의 드러내지 않는 이건희 회장에게는 자택이 빌 게이츠의 '호숫가 별장'이나 다름없다. 집에서 각종 보고서나 전 세계의 최신 과학기술 잡지를 읽으며 경영 구상을 가다듬는 한편 영화, CNN 시청, 텔레비전 드라마 등을 통해 세상을 파악한다고 한다. 이 회장에게는 삼성 정보팀의 최신 보고서를 포함해 노무라 증권 보고서 같은 해외 유수기관의 보고서가 수시로 제공되는데, 이를 꼼꼼히 읽으며 경제 흐름을 파악하고 이를 바탕으로 깊은 사 색을 한다고 한다. 또 휴대전화든, 오디오든 첨단 기기까지도 직접 분해하고 조립할 수 있는 능력이 있는 이 회장은, 삼성뿐만 아니라 해외의 첨단제품을 분해·조립해 보고 제품의 장점과 문제점을 세 밀히 파악한다.

사업구상이나 핵심주제가 떠오르면 잠까지 걸러 가며 그 생각에 깊이 몰두하기 때문에 수면시간까지도 불규칙한 이 회장은, 과거 에는 24시간 내내 잠을 한숨도 안 자거나 반대로 24시간 내내 잠 만 자는 일도 자주 있었다고 한다. 무엇이든 한 가지에 깊이 파고 들어 본질을 캐내는 습관이 몸에 배다 보니, 미래의 경영이나 기술 변화를 읽는 데 이건희 회장은 탁월한 능력을 발휘한다. 삼성전자 가 반도체나 LCD 같은 분야에 대규모 투자를 결정한 것이 모두 이 런 깊은 사색 덕분이었다.

타이거 우즈의 코스 매니지먼트

경영활동을 Plan-Do-See, PDS라고 한다. 계획을 세우고 실행하고 검토하여 다음 일에 반영하는 일련의 과정을 말한 것이다. 코스 매니지먼트라는 말은 라운드의 PDS다. 골프코스에서 자기 게임의 계획을 세우고 실행하고 검토하는 방법을 코스 매니지먼트라고 한다.

주말골퍼들은 티샷을 하기 전에 잔디를 날리곤 한다. 바람의 세기와 방향을 파악하여 최적의 클럽을 선택하고 어느 방향으로 칠 것인가를 결정하기 위해서다. 프로들도 간혹 잔디를 날리기는 하지만, 그들이 더 유심히 관찰하는 것은 그린에 있는 깃대다. 샷을 하는 지점도 물론 중요하지만, 그보다 볼이 떨어지는 지점의 바람 상태를 파악하는 것이 더욱 중요하기 때문이다. 주말골퍼와 프로는 기본적인 생각의 구조부터 이렇게 다르다.

그린에 도착하면 주말골퍼들은 퍼팅 거리를 파악하기 위해 걸음을 걷고 볼의 앞과 옆, 뒤편에서 볼과 홀에 이르는 기울기를 살핀다. 그런데 프로들은 몇 가지 변수들을 더 고려한다. 먼저 잔디의 결을 본다. 순결과 역결에 따라 볼의 구르기가 다르기 때문이다. 먼저 잔디는 물가로 흐르는 속성이 있기 때문에 호수나 개울의 위치를 파악하는 것도 소홀히 하지 않는다. 그리고 변곡점은 어디인지, 중간목표는 어느 포인트를 잡을 것인지 등 고려하는 항목들이 더 많다.

주말골퍼들은 연습과 실전의 차이가 너무나 크다고 자주 불평을 털어놓는다. 연습장에서는 샷이 빨랫줄처럼 반듯하게 나갔는데 실제 라운드에서는 좌로 우로 난초를 그린다는 것이다. 태권도에 비유하면 연습장에서의 스윙연습은 짜고 치는 '품세' 다. 그러나 실전은 예측불허의 난타전이다. 코스 매니지먼트는 예측불허의 불확실성을 최소화하여 자신의 게임을 운영하고 관리하고 수행해 나가는 일련의 과정이다.

두 살에 코스 매니지먼트를 배우다

타이거 우즈는 두 살 때 해군 골프코스에서 아버지와 함께 라운딩 하던 중 짧은 파4의 2번 홀에서 친 볼이 오른쪽 나무숲으로 빨려들어가고 말았다. 이때 나눈 아버지 얼 우즈와 아들 타이거의 대화 내용이다.

"타이거야, 어떻게 치겠니?"

"아빠, 나무가 커서 공을 넘길 수가 없어요."

"그럼, 다른 방법은 없을까?"

"나무 사이로 칠 수는 있지만 낮은 공으로 빠져 나가야 해요. 게다가 앞에 커다란 벙커가 있고요."

"좋아, 그럼 또 어떤 방법이 있을까?"

타이거는 나무숲 왼쪽을 보더니 이렇게 말했다.

"페어웨이로 볼을 꺼내서 다음 샷에 그린에 올려 1 퍼팅을 하면 파(Par)를 할 수 있겠네요."

“바로 그거다. 그게 코스 매니지먼트라는 거다.”*

아버지와 함께 라운딩하면서 타이거 우즈는 각각의 홀을 어떻게 공략할 것인지 게임 플랜을 준비했다. 홀의 어려움, 티샷에 사용할 클럽, 티샷을 어느 방향으로 날릴 것인지를 생각했고 라운드가 끝나면 마주 앉아 게임 내용을 함께 비교분석했다. 타이거는 매니지먼트의 PDS 과정을 어렸을 때부터 아버지로부터 배우며 골프는 생각하는 운동이라는 걸 몸에 익혔다.

어머니 쿨디다로부터는 명상교육을 통하여 마음과 생각을 집중하는 법을 배웠다. 독실한 불교신자인 쿨디다는 LA 인근에 있는 절로 아들을 데려가 함께 명상을 하였다. 명상에 대한 타이거 우즈의 이야기는 다음과 같다.

“나는 명상교육을 많이 받았다. 어머니는 종교적 배경이 불교였고 나에게 명상을 소개해주셨다. 나는 어려서 명상을 많이 했는데, 대부분의 사람들이 교회에 가는 것과 비슷했다. 요즘은 예전에 비해 명상을 많이 하지는 않지만 그 방법은 알고 있다. 명상은 타고날 때부터 내게 영향을 미쳤으며, 요즘도 나는 비록 의식적으로 명상을 하지는 않지만 매일 명상을 하고 있다.”**

---

*얼 우즈, 《타이거 우즈》, 을유문화사, 1997.
** 조셉 패런트, 《젠 골프》, 한문화, 2003.

코스만을 생각한다

마스터스 대회가 열리는 오거스타 골프장은 1997년 대회를 마치고 대대적인 코스 보수에 들어간다. 역대 최소타의 스코어로 우승한 타이거 우즈를 견제하기 위해서 코스의 거리를 늘리고 해저드를 만들고 그린의 빠르기를 더욱 높였다. 미국골프협회(USGA)가 주관하는 US오픈은 선수들에게 대단히 악명 높은 대회다. 주최 측에서 코스를 어렵게 세팅하기 때문이다. '페어웨이는 좁게, 러프는 거칠게, 그린은 빠르게'를 추구하여 선수들을 곤혹스럽게 한다.

타이거 우즈는 코스에 들어서면 오직 코스를 어떻게 굴복시킬 것인가에 몰두한다. 코스를 굴복시키면 나머지는 저절로 따라오기 때문에, 늘 코스를 염두에 두고 넥스트 샷을 고려하여 지금 이 샷에 충실을 기한다.

유연하게 창조적으로

타이거 우즈가 쓴 골프교습서 《나는 어떻게 골프를 치는가》의 차례는 일반교습서와 다르게 구성되어 있다. 대개의 교습서는 드라이버, 아이언, 어프로치, 퍼팅의 순서로 티잉 그라운드에서 그린으로 향하는 반면, 타이거 우즈의 교습서는 퍼팅이 맨 앞에 있고 다음이 어프로치다. 그리고 드라이버가 맨 뒤에 실려 있다. 타이거 우즈는 그린에서 티잉 그라운드로 간다. 타이거 우즈의 생각은 이렇다.

"골프는 홀에 볼을 넣는 게임이다. 드라이버를 잘 날리는 것도 그린에 볼을 올리는 것도 모두 홀에 볼을 넣기 위함이다. 퍼팅이 최우선 순위에 있어야 한다. 골프의 문제해결은 퍼팅으로부터 시작하는 것이 옳다."

타이거 우즈는 고정된 생각을 경계한다. 유연하고 창조적으로 생각한다. 타이거 우즈의 탁월한 경기운영은 어릴 때부터 익힌 자유롭고 창의적인 생각과 깊이 있는 관찰, 그리고 많은 실전 경험 때문이다. 타이거 우즈는 늘 자신의 고정관념을 깨 나가는 연습을 하며, 스스로 자신의 관점을 전환시켜 나간다.

삼성전자의 생각경영

이건희폰

시장에서는 상품이 백만 개 이상 팔리면 그때는 상품이 아니라 '권력'이라고 말한다. 이때부터는 상품이 고객과 시장을 움직이기 때문이다. 1백만 개는 시장을 움직이는 변곡점이다. 1천만 명이 넘는 관객을 동원한 영화 '실미도'의 흥행도 1백만 명이 변곡점이었다고 한다. 1백만 명을 넘어서는 순간, 그 고객들이 '아직도 안 봤어?' 하며 다시 고객을 불러 모아, 새로운 고객을 창출한다. 1백만이라는 숫자는 대박의 상징이자 초대박으로 가는 지름길이다.

'이건희폰'이라는 휴대전화가 있다. 국내에서 SCH-X430으로 알려진 T100모델이 '이건희폰'이다. 세계 최초로 고화질 TFT

LCD를 채용한 폴더형 컬러 휴대전화로 고화음 멜로디를 비롯하여 음성인식 기능과 다양한 콘텐츠를 이용할 수 있는 첨단기능을 갖추었고, 매력적인 디자인으로 국내 고객뿐 아니라 해외소비자들에게도 호평을 받아 판매 천만 대를 훌쩍 뛰어넘었다.

이와 같은 히트는 삼성전자가 생각하는 시스템을 갖추고 있기 때문이다. 최고경영자의 생각이 전문경영자들에게 창조적으로 전이(轉移)됨으로써, 최고의 상품을 연구개발하고 생산하고 마케팅하는 생각시스템이 작동했기 때문에 초대박상품이 가능했다.

R&D는 생각과 실험이 미션이다

생각하고 고민하고 실험하고 그리고 실패하는 곳이 R&D 현장이다. 현재는 돈을 벌어들이는 곳이 아닐 수도 있다. 그러나 언젠가는 돈이 될 상품을 만들기 위해 오늘 투자하는 곳이 연구개발이다. 어떤 관점에서 보면 돈을 빨아들이는 블랙홀이 연구개발이기도 하다. 한 제품이 시장에서 성공하기까지 투입되는 인적 물적 시간적 비용은 엄청나다. R&D에 전력투구하기란 쉬운 일이 아니다.

삼성전자의 국내 직원은 2005년 4월 현재 6만 6,586명이다. 이 중 R&D 인력은 2만 7천 명으로 40퍼센트를 넘어섰다. 직원 10명 중 4명이 R&D 인력인 셈이다. 연구소 43곳, 연간 R&D 예산 4조 원 등 삼성전자는 거대한 R&D센터라고 해도 지나치지 않다.

R&D는 삼성전자의 '싱크 탱크(Think Tank)'이며 이건희 회장의 경영철학 시험장이기도 하다. 미래수종사업, 핵심인재, 업의 본

질, 월드 베스트 상품 등은 모두 이건희 회장의 경영철학이 담긴 항목들인데 모두 R&D와 관련이 있다.

정리하면 이렇다. 십만 명을 먹여 살릴 핵심인재가, 업의 본질을 파고들어, 첨단제품과 차세대 수종 상품으로, 월드 베스트 상품을 만들어 낸다는 것. 이러한 이건희식 경영철학의 선순환 사이클을 구현하는 곳이 있다면 바로 그들의 핵심 생각조직인 연구개발 분야다.

數, 手, 修 = 首, 秀, 收

미국 상무성 보고서에 의하면 아이디어의 성공확률은 그리 높지 않다. 3천 개의 아이디어 중에서 1개가 성공한다고 한다. 치밀하게 생각한 프로젝트도 10개 중 4개만이 상업화되며 그중 1개만 성공한다. 2개의 아이디어를 성공시키려면 현재로서는 다른 방법이 없다. 6천 개의 아이디어를 모아야 한다. 2개의 프로젝트를 성공시키려면 20개의 프로젝트를 추진하면 된다. 성공은 실패에서 피는 꽃이다. 수(數)의 법칙이 작용한다.

삼성전자가 2004년 미국 내에서 특허출원을 한 것은 1,604건으로 6위에 랭크되어 있다. 인텔보다 앞선 이 순위에는 많은 특허출원으로 우수한 특허를 선점하겠다는 노림수가 있다. 기발하고 탁월하고 새로운 생각은 몇 개의 빛나는 아이디어에서 뽑아내는 것이 아니다. 수(數)많은 아이디어가 수(手)를 모색하고, 수(修)의 수정을 통하여, 우두머리의 수(首), 탁월함의 수(秀), 미래에 돈이 되는 수(收)를 창조해 내는 것이다. 이에 다음과 같은 등식이 성립한다. 數, 手, 修 = 首, 秀, 收.

천재들의 특징, 풍부한 사고

창의력 전문 컨설턴트인 마이클 미칼코가 쓴 《아무도 생각하지 못하는 것 생각하기(*Cracking Creativity*)》에는 천재들의 특징이 소개되어 있다. 들여다보면 천재들이 수많은 생각들의 집합을 통해 위대한 업적을 남길 수 있었음을 알 수 있다.

아인슈타인은 상대성 이론에 관한 논문으로 널리 알려져 있지만 그에게는 다른 248편의 논문도 있다. 프로이트도 650편의 논문을 토대로 탁월한 이론의 탑을 세울 수 있었다. 피카소의 천재성 또한 2만여 점의 작품 속에서 나왔다. 천재들의 탁월한 업적은 어느 날 갑자기 떠오른 빛나는 아이디어에서 나오기도 하지만, 그보다는 지속적이고 폭넓고 깊이 있는 생각들이 마침내 탁월한 상상력과 창조력을 낳음으로써 생겨난 결과물임을 알 수 있다.

마이클 미칼코는 창의력을 높이는 9가지 생각의 전략을 소개하는데 눈여겨볼 만하다.

전략 1 어떻게 볼 것인가? 제너는 '왜 사람들은 천연두에 걸리는가'에서 '왜 낙농에 종사하는 사람들은 천연두에 걸리지 않는가'로 관점을 바꿈으로써 천연두를 종식시켰다.

전략 2 생각을 시각화하기. 다윈은 다이어그램으로 진화론을 끌어냈고 아인슈타인도 시각적인 사고로 상대성이론을 도출했다.

전략 3 풍부하게 생각하기. 에디슨은 1천여 개의 특허를 갖고 있었고 바흐는 아플 때도 머리를 쉬지 않고 칸타타를 작곡했다.

전략 4 새로운 조합 만들기. 구텐베르크는 와인 짜는 것과 동전 찍는 메커니즘을 조합해 활판인쇄술을 개발했다.

전략 5 서로 관련 없는 것 관련짓기. 다빈치는 종소리와 물에 부딪히는 돌을 관련지어 소리가 파동으로 움직인다는 것을 유추해 냈고, 케쿨레는 뱀이 꼬리를 무는 꿈에서 벤젠의 분자모양을 알아 냈다.

전략 6 상황의 이면 보기. 알 슬로안은 사고를 역전시켜 돈도 내기 전에 차를 살 수 있는 할부구매를 생각해 냈고 파스퇴르는 병으로 병을 막는 면역학의 원칙을 찾아냈다.

전략 7 다른 영역에서 보기. 그레이엄 벨은 귀의 내부구조와 얇은 철판의 움직임을 관찰해 전화기를 착안했고 에디슨은 장난감 깔때기와 종이, 소리의 진동을 보고 축음기를 발명했다.

전략 8 찾고 있지 않은 것 발견하기. 하이엇은 상아를 대신할 당구공 재료를 찾던 중 최초의 플라스틱을 발명했다.

전략 9 합작정신 일깨우기. 아인슈타인과 동료들은 자유롭게 만나고 편안하게 대화함으로써 창의적인 아이디어를 도출했다.

3 연습벌레와 공부벌레

옹이가 있는가

인터넷 검색창에 '강수진의 발', '김영광의 손', '박지성의 평발'을 치면 상처투성이의 손과 발이 모니터에 떠오른다. 마치 희귀병을 앓는 사람이나 부상 병동 환자의 손과 발을 그대로 옮겨 놓은 듯한 옹이투성이의 사진들. 심지어 누군가는 엽기 사이트에서 조작해 놓은 사진을 그대로 퍼온 것은 아닌가 하며 의문을 제기하기도 했다.

독일 슈투트가르트 발레단의 수석 발레리나 강수진의 발. 발톱은 문드러지고 발가락은 류머티즘 환자처럼 부풀어 올랐다. 그리고 발가락 마디마디에는 깊고 단단한 옹이가 박혀 있다. 세련되고 아름다운 미소를 가진, 세계 각국의 내로라하는 발레리노들이 파트너가 되고자 열망한다는 강수진의 아름다운 몸짓 뒤에는 이처럼

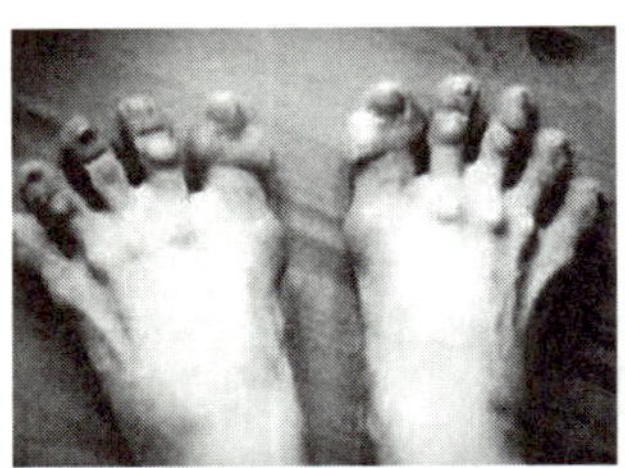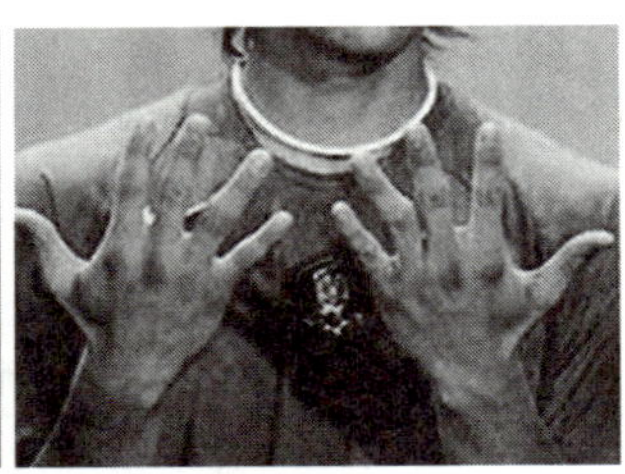

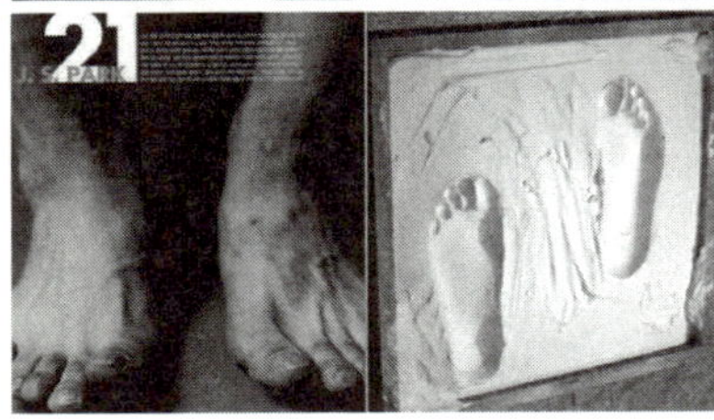

인터넷에 떠다니는 발레리나 강수진의 발(위쪽 좌)과 김영광의 손(위쪽 우), 박지성의 발(왼쪽) 모습. 그들의 화려함과 영광 뒤에는 수많은 연습과 훈련의 상처가 있음을 이 옹이들은 증명한다.

옹이가 가득 박힌 발이 있었다.

이 발은 그녀의 성공이 결코 그냥 이루어진 것이 아님을 보여 준다. 하루 19시간, 1년에 1천여 켤레의 토슈즈가 닳아 떨어지도록 노력하고 또 노력하여 쟁취한 결과임을 말해 준다.

국가대표 골키퍼 김영광의 손가락은 휘어져 있다. 태어날 때는 그렇지 않았다. 다만 김영광은 볼을 막아 내는 것이 좋았을 뿐이었다. 골대를 향해 파고드는 볼을 막아 내고, 쳐 내고, 잡아 냈다. 엄청난 파워가 실린 수많은 공들을 막아 낸 그의 손가락에는 옹이가 박혔고, 마침내는 뼈도 휘었다. 국가대표 골키퍼라는 영광 뒤에는 부상을 두려워하지 않는 용기와 투혼, 쉼 없는 연습, 그리고 상처의 흔적, 옹이가 있었다.

축구선수 박지성의 고향인 경기도 수원시 망포동 1.38킬로미터의 왕복 6차로에는 '박지성 웨이(Way)'라는 이름이 붙여졌다. 2002년 월드컵 포르투갈 전에서 16강을 확정짓는 결승골을 넣어 4강 신화를 만든 박지성을 기리기 위한 것이다. 네덜란드 에인트호벤을 거쳐 축구 명문 맨체스터 유나이티드에 입단한 박지성은 금의환향하여 자기 이름을 딴 도로 개통식에서 테이프를 끊었다. 이 도로변에는 박지성이 경기하는 모습을 담은 사진이 걸려 있고 동판에 떠 놓은 박지성의 발자국도 있다.

축구 관계자들은 이 동판을 보고 경악한다. 박지성의 발이 축구 선수로는 최악의 조건인 평발이기 때문이다. 정상보다 쉽게 피로를 느끼고 장거리 보행이 어려워 군 입대도 면제된다는 평발. 그런데 박지성은 이 발로 그라운드의 이 끝에서 저 끝까지를 쉼 없이 누비며 화려한 플레이를 유감없이 보여 준다.

구양수의 베개

이어령 박사는 글로 승부를 내려는 사람이라면 울퉁불퉁한 옹이가 박혀 있는 구양수의 목침을 베라고 한다. 송(宋)나라의 구양수가 벴다는 이 베개는 깊은 잠에 빠져들지 못하게 하는 대신, 의식과 무의식의 공간을 넘나드는 어렴풋한 선잠 속에 있으면서 보통 때에는 생각할 수 없었던 문장들을 떠올리게 한다고 한다.

'구양수의 베개'는 명문장이란 깊이 생각하고 끝없이 상상하는 그 힘에서 나온다는 것을 암시하고 있다. 남들이 편안한 베개를 베고 깊은 잠에 취해 있을 때 눈 떠 있는 자. 그 불면의 밤과 어둠 속에서 명문(名文)은 알을 까고 나온다.*

소리꾼도 옹이가 있다. 구한말 소리꾼 박유제, 정재근, 정응민으로 이어진 보성소리는 조상현, 성우향, 성창순으로 대물림되어 오늘날까지 이어진다. 소리꾼의 요람인 전남 보성에는 득음폭포가 있다. 소리꾼이 되기 위해 그들은 이곳에서 연습을 한다. 폭포독공백일(瀑布獨功百日) 수련이다. 백일 동안 우렁찬 폭포의 굉음 속에서 노래 부르기를 멈추지 않는다. 폭포 속에서 자신의 소리를 들어야 비로소 득음(得音)의 경지에 이른다고 한다. 인간의 한계를 넘어 소리를 만들어 내는 그들의 목에는 옹이가 박힌다. 뼈가 늘어지고 온몸이 부어오르고 사경을 헤매는 고통을 고스란히 감내한다. 소리꾼들은 이 옹이를 내리게 하려고 인분(人糞)을 삼키기까지 한다. 옹이가 박힌 목에서 피를 토하며 다시 옹이가 풀리기를 여러 번. 문득 거칠고 탁하면서도 사람의 마음을 울리는 어떤 소리가 쏟아져 나온다. 그리고 옹이 속에서 창조된 이 소리는 청중들의 애간장을 녹인다.

극진 가라테의 창시자 최배달은 '최선(最善)'이라는 말을 싫어한다. 이 말은 적당과 타협을 뜻하며 핑계의 그늘이라고 말한다. 그는 자신이 하고자 하는 일에 자신을 바치고 목숨을 걸라고 충고

---

* 이어령, 《한국의 명문》, 월간조선사, 2001.

한다. 최고의 경지에 오르려면 반드시 그렇게 해야 한다는 것이다. 바람의 파이터, 최배달의 수련일지를 보면 그의 의지가 고스란히 드러난다.*

04시 기상, 묵상 10분, 산 정상까지 구보(전력질주) 왕복 2시간

07시 1시간 동안 휴식을 겸한 식사 준비

08시 아침과 점심을 겸한 식사

09시 연습 시작(아래 순서를 10회씩 반복)

    ① 바벨(60kg)들기 20회

    ② 팔굽혀펴기 20회

    ③ 역(逆)팔굽혀펴기(팔을 등 뒤로 돌려 팔굽혀펴기) 20회

    ④ 평행봉에 올라 팔굽혀펴기 20회

    ⑤ 단련대(마키와라: 밀짚으로 싼 기둥)에 좌우 정권 지르기 20회

11시 형(가타: 품세, 투로)연습 100회(하루에 하나씩 100회)

14시 무거운 것 들기, 팔굽혀펴기 1,000회(두 손가락 200회, 세 손가락 200회, 네 손가락 200회, 다섯 손가락 400회)

15시 대련연습, 줄 타고 오르기, 복근운동 200회, 역복근운동 200회, 단련대 지르기 및 자연석 격파법 연구, 산길 중간중간 나무에 짚을 감아 놓고 달려가면서 차고 지르기 20회 반복

---

*한병철, 《고수를 찾아서》, 영언문화사, 2003.

17시 저녁 준비 및 식사

이후 시간 종이에 그린 원을 보면서 명상을 하거나 독서(종종 훈련

이 격했던 날은 식사 후 쓰러져 잤다고 함)

22시 취침

연습벌레와 불한당

골프와 IT업계의 황제인 타이거 우즈와 삼성전자는 빛나고 빛나는 이름이 있다. 바둑의 이창호 , 농구의 마이클 조던, 컴퓨터의 빌 게이츠, 자동차의 슈마허처럼 어디서나 누구에게나 최고로 기억되는 이름이다.

오늘 이들이 빛나는 황제의 자리에 있다면 어제 이들의 이름은 무엇이었을까? 이들은 모두 같은 이름을 가지고 있다. 바로 '연습벌레' 라는 이름이다.

누구에게나 자신만의 타고난 재능이 있다고 한다. 말을 잘하는 사람, 글을 잘 쓰는 사람, 달리기를 잘하는 사람, 노래를 잘하는 사람, 그림을 잘 그리는 사람, 연장을 잘 고치는 사람, 다른 사람을 잘 웃기는 사람, 춤을 잘 추는 사람, 라면을 잘 끓이는 사람, 밥보다 일이 더 좋다는 사람 등 사람들에게는 자기가 잘하고, 원하고, 좋아하는 분야가 있다. 그것이 탤런트라고 하는 재능이다. 기업도 탤런트가 있다. 삼성과 현대는 서로 같으면서도 다르다. 서로 같은

영역에서 경쟁하더라도 재능이 각각 다르게 표출된다.

탤런트는 원석(原石)이다. 연습으로 갈고 닦아야 보석이 된다. 뿌린 만큼 거두고 땀 흘린 만큼 얻는 것은 자연의 이치이자 성공의 원칙이다. 땀 흘리지 않는다면 그 누구도 성공에 이를 수 없다. 불한당이라는 말을 한자로 풀어 보면, '아니 불(不), 땀 한(汗), 무리 당(黨)'이다. 건달은 '마를 건(乾), 이를 달(達)'. 마르기의 경지가 하늘에 이르는 사람이다. 땀 흘리지 않고 성공하겠다면 그 사람이 불한당이며 건달이다.

땀과 옹이가 있는 연습벌레는 황제로 가는 길에 들어서 있다. 그러나 땀 흘리지 않고 옹이 없이 황제의 반열을 꿈꾼다면 불한당이자 건달이다.

연습벌레, 타이거 우즈

"타이거 우즈는 스윙을 하고 골프를 즐기면서 쉽게 돈을 번다고 말을 하는데 조금만 자세히 들여다보면 이는 사실이 아님이 금방 판명된다. 우즈는 챔피언이 되기 위해 수많은 세월을 희생했다. 그것은 정말 큰 희생이었다. 우즈의 스윙 뒤에는 수년간의 고된 훈련이 있었다."—게리 플레이어(잭 니클로스, 아놀드 파머와 함께 황금의 빅 3라 불리는 남아공의 프로골퍼)

"전설적인 재능을 지닌 데다 누구보다 공을 멀리 칠 수 있고, 다른 프로선수들이 무슨 수를 써서라도 익히고 싶어 하는 완벽한 스윙까지 갖춘 선수가 연습벌레이기까지 하다면 어떻게 되겠는가? 노력하지 않아도 세계 최고인 선수가 피나는 노력을 기울인다면, 그 누구보다 열심히 연습한다면 어떻게 되겠는가? 그런 선수가 실제로 존재한다. 그의 이름은 타이거 우즈다. 그는 그가 나타나기 전에는 불가능하다고 여겨졌던 방식으로 세계 골프계를 지배하고 있다."-존 페인스타인(스포츠 작가)

9개월 된 아이가 자신의 스윙을 그대로 흉내 내는 것을 본 아버지 얼 우즈는 아들 타이거가 골프에 탁월한 재능이 있다는 사실을 발견한다. 그리고 아들의 재능을 빛나게 하기 위해 연습프로그램을 마련한다. 아버지의 희망대로 강요된 연습이 아니라, 아들이 애타게 기다리는 연습이다. 얼 우즈는 한 번도 아들에게 골프 연습을 하라고 말한 적이 없다고 한다. 타이거가 전화를 걸어 연습하러 가자고 안달을 해야 마지못해 응해 주는 식으로 자발성을 유도하는 연습을 실시했다.

얼 우즈는 재능과 연습에 대해 이렇게 말한다.

"뛰어난 재능과 능력도 연습과 준비를 하지 않으면 결코 인정받지 못하게 된다. 재능은 하고 있는 일에 약간의 재주가 있다는 것뿐이다. 그것이 사회적으로 빛을 보기 위해선 끊임없이 다듬어져야만 한다."*

타이거 우즈와 함께 일했던 코치나 캐디들은 이구동성으로 이렇게 말한다. "타이거 우즈만큼 연습을 많이 하는 선수를 본 적이 없다." 타이거 우즈는 타고난 연습벌레다. 타이거 우즈에게 있어 연습은 오늘의 자신을 있게 한 든든한 배경이자 자신을 신뢰할 수 있게 해 주는 근거다. 골프 신동에서 황제에 이르기까지, 그의 무기는 연습이었고 몇 번의 슬럼프에 빠졌을 때 그를 구해 준 것도 바로 연습이었다. 그는 재능과 연습을 이렇게 말한다.

"다른 사람들로부터 인정을 받기 위해서는 부단한 연습 이외에 다른 방법이 없습니다. 타고난 재능이란 인간이 만들어 낸 허구에 불과합니다."**

골프 황제의 연습 방법

전문성 있는 코치와 함께하는 연습

타이거 우즈의 부모는 넉넉하지 않은 경제 여건에도 불구하고 전문 골프 코치에게 아들의 학습을 맡긴다. 낯선 스승을 처음으로 만난 타이거 우즈의 나이는 네 살. 롱비치에 있는 하트웰 골프파크의 골프 코치 루디 듀란이 그의 첫 스승이었고 이후 존 알젤모, 제이 브란자를 거쳐 1993년에 부치 하먼을 스승으로 만난다. 지금은

---

*타이거 우즈 · 얼 우즈, 《18홀의 기적》, 청림출판, 2001.
**앞의 책.

타이거 우즈는 이렇게 말한다. "다른 사람들로부터 인정을 받기 위해서는 부단한 연습 이외에 다른 방법이 없습니다. 타고난 재능이란 인간이 만들어낸 허구에 불과합니다." 타이거 우즈의 훈련 모습.

행크 헤이니로부터 스윙의 문제점을 지도 받고 있다.

최고의 위치에 올랐을 때 가장 경계해야 할 것이 있다면 그것은 바로 학습 태만이다. 성공에 대한 자만이 연습을 소홀히 하게 만들기 때문이다. 타이거 우즈는 지금도 스승을 두고 그로부터 지도를 받고 있으며, 이를 토대로 개선과 향상을 위한 연습을 계속한다.

다양하고 입체적인 연습

타이거 우즈의 연습에는 골프스윙만 있는 것이 아니다. 그의 연습 프로그램은 다양하고 입체적이다. 이 프로그램은 그의 체력을 강화시키고 담력을 키워 주며 마인드를 새롭게 한다. 번지점프, 야구 타격, 벤치프레스(역기), 공수훈련 등 힘들고 고된 훈련을 황제는 기꺼이 자청하고 나선다.

〈골프 다이제스트〉에 소개되었던 타이거 우즈의 연습 내용이다.

타이거 우즈는 높이 60미터의 다리에서 번지점프를 한다. 그것도 등 뒤로 뛰어내리는 극도의 모험을 감수한다. 이 같은 담력 키우기는 AT&T 페블 비치 프로암 대회에서 최종일 7타 차의 열세를 뒤집고 역전승을 거두는 밑거름이 됐다고 한다.

그는 자기 몸무게의 1.5배인 132킬로그램의 벤치프레스를 들어 올린다. 또 절친한 사이인 미국 프로야구 강타자 캔 그리피 주니어와 함께 야구 배팅 훈련도 실시한다. 지난해 두 차례 배팅 훈련에 참가했고 외야 담장 앞까지 볼을 쳐 내기도 했다.

그는 또한 육상선수 뺨칠 정도의 준족이다. 1백 미터를 11초대에 주파한다. 아버지 얼 우즈가 골프선수가 되지 않았다면 육상선수가 됐을 거라고 말할 정도다.

우즈는 골프클럽으로 이색훈련을 하기도 한다. 드라이버 헤드 윗부분으로 볼을 1천 번 튀기거나 퍼터로 2백 번 튀긴다. 텔레비전 광고로도 유명한 클럽으로 공을 튀기는 이 연습은, 볼을 클럽 헤드의 스윗 스팟(Sweet Spot)에 정확하게 맞히는 능력을 향상시키는 데 큰 도움을 준다.

슬럼프에 빠지면 연습으로 탈출한다

1996년 프로에 데뷔한 타이거 우즈는 지금까지 크게 두 번의 슬럼프가 있었다. 1998년과 2004년이다. 이 해에는 우승도 단 한 번에 그쳤으며, '이빨 빠진 종이호랑이', '이제 타이거의 시대는 끝났다'는 치욕스런 평가를 당한다. 천하의 타이거 우즈도 이렇게 슬럼프에 빠진다. 타이거 우즈를 슬럼프에서 건져 내는 건 연습이다. 체력을 보강하고 스윙을 교정하고 새벽같이 필드에 나가고 어두워질 때까지 그린을 지키며 리노베이션(Renovation)한다.

슬럼프에서 돌아온 타이거는 포효소리도 요란하다. 1999년에는 6연승 신화에다 US오픈에서부터 브리티시오픈, PGA챔피언십, 마스터스 등을 차례로 우승하여 '타이거 슬램'이라는 신조어를 만들어 낸다. 2004년 슬럼프에서 돌아온 타이거 우즈는 2005년 7월까지 마스터스 우승, US오픈 준우승, 브리티시 우승이라는 찬란한 금자탑을 쌓는다.

타이거 우즈도 슬럼프에 빠진다. 그러나 연습으로 더욱 강해져 돌아온다.

타이거 우즈가 어린 시절부터 지금까지 골프에 관한 한 천재성을 보여 준 것은 사실이다. 그러나 이 천재성도 연습이 결합되었기 때문에 빛을 발할 수 있었고 지금도 연습으로 그 자리를 지키고 있다. 타이거 우즈는 우승 트로피를 거머쥐면 샴페인을 터뜨리는 것이 아니라 연습장에서 자신의 동작을 보완하고 새로운 기술을 연마한다. 타이거 우즈는 연습벌레다.

공부벌레, 삼성전자

"아들은 윤종용 삼성전자 부회장, 딸은 김주하 앵커."

어느 결혼정보회사가 미혼남녀 500명을 대상으로 '결혼 후 2세가 어떤 사람을 닮기를 원하는가?'를 조사한 결과 삼성전자 윤 부회장과 MBC 9시 뉴스 김주하 앵커가 각각 1위를 차지했다고 한다. 미디어의 꽃이라 할 수 있는 공중파의 9시 뉴스 여성 앵커가 뽑힌 것은 어느 정도 예측할 수 있는 대목이다. 그러나 스포츠 스타나 엔터테이너들을 제치고 기업의 CEO가 최고 자리에 오른 데는 또 다른 이유가 있다고 본다. 바로 삼성전자의 파워가 작용했기 때문이다.

　주식 시가총액 1위, 매출과 순이익 1위, 브랜드 파워 1위, 직원 1인당 평균 급여 1위, 대학생이 가고 싶은 회사 1위. 밖으로 드러나는 삼성전자는 화려하다. 그렇다면 안으로 들어가 본 삼성전자는 어떨까?

　한 일간지가 발표한 50대 기업의 직원 평균 근속년수 통계에서 삼성전자는 평균 6.8년으로 조사대상 50대 기업 중 41위를 기록하고 있다. 물론 최근 5년 사이 새로운 직원을 많이 뽑은 것도 한 이유다. 하지만 입사하기도 어렵지만 살아남기도 결코 쉽지 않은 조직이 삼성전자임을 이 통계는 말해 준다.

　삼성전자에서 학습은 선택의 차원을 넘어 생존을 위한 필수요건이다. 새로운 기술을 익히고 전문성과 다양성을 기르기 위한 학습은 남보다 앞서기 위한 '이기느냐, 지느냐'의 게임 수준이 아니라 '떠나느냐, 남느냐' 하는 생존 차원의 문제인 것이다.

　매년 채용 규모는 수천 명이지만 그 가운데 계속 살아남아 별이라 할 수 있는 임원이 되는 사람은 소수에 불과하다. 특별상여금인 생산성 격려금 PI(Productivity Incentive)와 이익배분제인 PS(Profit Sharing)도 모두에게 그냥 골고루 돌아가는 것이 아니다. 탁월한 실적을 내거나 초과 이익을 내야 받을 수 있는 승자독식(勝者獨食) 시스템이다. 대우나 급여도 일반적인 하후상박(下厚上薄)이 아니다. 위로 올라갈수록 보상을 많이 받는 철저한 상후하박(上厚下薄)이다. 탁월한 실력과 성과만이 글로벌 삼성전자의 메리트를 누릴 수 있고 인센티브를 받을 수 있다.

치열하게 학습에 전념하고 끊임없이 기술습득과 개발에 전념하여 '옹이'가 박혀야 살아남아 별이 될 수 있다. 삼성전자 직원들이 공부벌레가 되는 이유가 여기에 있다. 호수에 우아하게 떠 있는 백조, 그러나 그 아래 보이지 않는 백조의 발놀림은 치열하다.

GE의 잭 웰치는 두 얼굴을 지녔다. 한쪽에서는 잭 웰치를 중성자탄, 잭나이프라고 부른다. 단호한 구조조정으로 하위 직원들까지 잘랐기 때문이다. 다른 한쪽에서는 그를 '한 손에 주전자, 한 손에 비료'라 일컬으며 칭송한다. 그의 인재육성에 대한 찬사다. 될 성부른 나무는 떡잎부터 물과 비료를 주며 인재로 육성하겠다는 잭의 의지와 실천을 표현해 주는 말이다. 잭 웰치는 '사람이 전략'이라고 말한다.

삼성전자의 인재육성에 대한 전략도 '한 손에 주전자, 한 손에 비료'다. 될성부른 나무의 떡잎을 골라서 입사시키고 좋은 물과 비료를 주어 육성하되 제대로 크지 못하면 적절히 솎아내고 수시로 간벌을 하여 튼튼하고도 결실을 많이 내는 동량(棟樑)으로 키운다.

4주 교육으로 디지털 전사를 만든다

논산훈련소의 신병교육 기간은 4주다. 자유분방하고 무절제한 젊은이도 4주 교육을 제대로 받고 나면 '충성'을 외칠 줄 아는 병사가 된다. 삼성전자 입사시험에 합격하면 4주에 걸친 그룹 입문교육을 받는다. 각양각색의 새내기들도 이 교육을 받고 나면 '삼성'을 외치는 디지털 전사가 된다.

새벽 6시 기상부터 밤 9시까지 꽉 짜여진 일정은 논산훈련소의 신병교육을 뺨친다. 신병교육의 첫 과목이 '차렷, 경례' 등 군인예절이듯이 삼성의 입문교육은 '삼성인의 예절'로 시작된다. 첫 주에는 직장생활의 이해 등 기본교육과 교양강좌가 이루어지고, 둘째 주에는 삼성에 대해 공부한다. 한국 경제에 삼성이 미치는 영향, 그룹 사사(社史), 그룹 현황, 조직문화 등 삼성의 자부심을 체험한다. 셋째 주에는 자원봉사와 극기훈련, 테마활동 등 주로 몸으로 체험하는 과목을 익히고, 넷째 주에는 팀 단위로 '크리피아드(크리에이티브+올림피아드)'를 개최하여 단결력과 창의력을 배양한다. 4주 교육을 마치면 천방지축, 각양각색이었던 젊은이들이 예의와 패기를 갖춘 도전적인 디지털 전사가 된다. 그들의 몸에 삼성이라는 피가 흐르게 된다.

4주간의 그룹 교육을 마친 삼성전자 신입사원들은 2주간의 삼성전자 교육을 받는다. 첨단 기술의 흐름과 회사 총괄 교육, 사업부별 교육, 분야별 직무교육을 받은 신입사원들은 현직에 배치를 받는다. 이때부터는 지도사원이 따라 붙는다. 일대일 OJT(On the Job Training)가 실시되는 것이다. 부서장은 신입사원의 교육내용과 진도를 확인하고 평가하며, 지속적으로 외국어·정보화·식스시그마 등의 학습이 이루어지게 한다. 일을 하기 위해 들어왔는지 공부하기 위해 들어왔는지 구분이 안 간다며 엄청난 학습량에 놀란 삼성전자맨들의 비명소리가 들리는 듯하다.

병원에서 가장 조용한 곳은 영안실이다. 반면 가장 시끄러운 곳은 응급실이다. 변화와 혁신 없이 어제와 같은 오늘이 반복되고 있다면 그 사람은 영안실에 있는 것과 같다. 그 사람은 안주(安住)하고, 정지해 있다. 그러나 응급실에서는 생존과 치료를 위한 온갖 소리들이 급박하게 울려 나온다. 삶의 혁신을 위한 갈등과 비명소리가 들리고 각종 처방과 치료가 신속하게 행해진다.

당신은 지금 영안실에 있는가, 응급실에 있는가?

넓고 깊은 디지털 학습

일본의 소니, 산요, 히타치 등 경쟁사들은 삼성전자의 경쟁력이 인재육성과 학습에 있다고 진단한다. 삼성전자의 학습 규모는 넓고 깊다. 그리고 높다.

삼성공대, 삼성전자 공과대학은 교육인적자원부로부터 정규대학 승인을 받은, 반도체 전문 인력을 배출하는 교육기관이다. 반도체 디스플레이의 학사과정과, 디스플레이 · 믹스드 시그널(Mixed Signal) · 시스템&소프트웨어 · 프로세스 개발 등 4개 전공의 석 · 박사 과정이 있다. 반도체와 디스플레이 분야의 사내 전문가로 구성된 500명의 박사급 교수진이 포진하여 학생과 일대일 지도체제로 밀착교육을 하고 있다.

글로벌 리더를 탄생시키는 지역전문가 제도는 자신이 근무하게 될 해당 국가에 1년 동안 미리 현지 파견되어 그 나라의 풍물과 제도, 문화를 이해하고 언어의 장벽을 깨는 제도다. 연봉과는 별도로

1억 원 내외의 활동비를 지원받아 다양한 현지인을 만나 관계를 다지며 네트워크를 구축한다.

외국어를 익히려면 우리말 사용이 금지되어 있는 '외국어생활관'에 입소하면 된다. 영어·일어·중국어·독일어·스페인어·러시아어 등이 운영되고 있는데, 12주의 교육과정 동안 모든 커뮤니케이션은 현지 언어로 하게 된다. 물론 휴대전화 사용은 금지되어 있다. 하루 6시간의 정규수업과 10시간 가까운 자율학습으로 '입과 귀'가 자연적으로 트이게 한다.

임원이 되려면 부장급을 대상으로 하는 SLP(Samsung Business Leader Program) 과정을 이수해야 한다. MBA 성격의 종합 역량 개발과정이다. 전문 분야에 치우쳐 있던 부장들에게 경영일반에 대한 능력과 변화와 혁신·마케팅·재무회계·리더십·위기관리 능력 등 경영진으로서 알아야 할 다양한 능력을 키우도록 하는 과정이다. 사이버교육 17주, 합숙 3주로 글로벌 경쟁력을 갖춘 차세대 리더를 양성하는 프로그램이다.

이외에도 핵심가치를 공유하기 위한 직급별 교육이 실시되고, 차세대 리더 양성 과정, 그리고 글로벌 역량 개발을 위한 다양한 프로그램이 준비되어 있다.

그러나 회사가 부여해 준 학습기회에만 의존한다면 말 그대로 또 하나의 '붕어빵' 탄생에 그칠 수밖에 없다. 자기만의 영역에서 차별화된 내공을 쌓아야 차별화된 인재, 핵심인재가 될 수 있다. 다른 사람도 자신과 똑같이 그 역할을 해 낼 수 있다면 그 자리는 비워 줘야 한다. 누구도 따라올 수 없는 자신만의 독보적인 능력을 갖고 있어야 생존할 수 있다.

모든 결과에는 원인이 있다

삼성전자의 학습시스템은 선순환 구조 속에 있다. 엘리트 인재를 영입하여 탁월하고 다양한 학습프로그램을 제공함으로써 기업에 필요한 인재로 육성한다. 지식과 기술로 무장한 인재는 탁월한 성과를 내고 회사에 막대한 이익을 제공하며 회사는 이를 바탕으로 새로운 엘리트를 영입한다.

타이거 우즈는 전 세계를 통틀어 그 어떤 스타보다 많은 돈을 벌고 있으며, 삼성전자는 최고의 수익을 내는 기업 가운데 하나다. 한마디로 결과가 좋다. 이러한 성과는 억지로 쥐어짜서 나오는 것이 아니다. 연습과 학습이라는 인풋(Input)이 있었기에 가능했다. '땀과 응이'라는 분명하고 남다른 원인이 먼저였다. 이러한 원인이 있기에 영광의 결과가 있게 된 것이다.

4 혼혈과 융합이라는 미래코드

"혼혈은 강자에 대한 약자의 전략이다. 승자 앞에서 살아남고 패자를 구제하는 생존과 구제의 한 방식이다."*

순혈의 노래, 혼혈의 노래

세계의 시간은 영국의 그리니치 천문대를 기준으로 흐른다. 시간의 기준점이 되고 있는 바로 그곳에서도 권력과 시대의 중심이 이동하는 것을 확인할 수 있다. 수십만 명이 한 명을 위해 일하던 제왕(帝王)과 순혈주의 시대에서, 한 명의 핵심인재가 수십만 명을 먹여 살리는 시대, 혼혈주의와 융합의 시대가 열리고 있음이 발견

---

*에드위 플레넬, 《정복자의 시선》, 마음산책, 2005.

되고 있는 것이다.

영국 국가(國歌)는 '신이여, 여왕을 구하소서(God save the Queen)'이다. 영국 국민들은 해가 지지 않는 땅, 대영제국의 명예와 자존심을 담고 있는 이 노래를 즐겨 부른다. 그런데 노래만 부르는 것이 아니다. 돈도 지불한다. 2004년 영국 왕실 유지비용은 총 3,670만 파운드(약 670억 원)로 국민 1인당 약 61페니(약 1,120원)가 소요되었다. 대영제국의 상징인 여왕의 품위 유지를 위해 영국민 모두가 땀을 흘리고 있는 것이다.

영국은 그런 나라다. 바로 그 영국의 리버플에 사는 가난한 노동자 집안 출신 젊은이 4명이 1962년 록그룹으로 뭉쳤다. 존 레논, 폴 메카트니, 조지 해리슨, 링고 스타는 전자기타와 드럼으로 무장하고 그룹을 결성했다. 그리고 노래를 불렀다. 〈I Wanna Hold Your Hand〉, 〈Love Me Do〉, 〈Yesterday〉를 비롯한 수많은 노래들 앞에서 대중들은 열광했다. 이들 4인조는 미국 대중음악과 재즈, 초기 록의 신선함을 흡수하여 단순하면서도 매력적인 '리버풀 사운드'를 창조해냄으로써 그룹을 인기정상에 올려놓았다. 비틀스, 이들은 연령을 초월하여 팬들을 사로잡았고 다른 음악가들에게도 영향을 끼쳤을 뿐만 아니라 고전음악 애호가들로부터도 많은 관심을 받았다.

그로부터 40년이 훌쩍 지났고 멤버 중 2명이 죽었다. 그러나 비틀스는 아직도 돈을 벌어들인다. 〈포브스〉 선정 매년 가장 돈을 많이 벌어들이는 연예인 리스트에서 늘 다섯 손가락 안에 든다. 리버

풀 뒷골목에서 꿈을 키우던 천재 룸펜 4명은 전 세계인의 마음에 노래를 심었고 지금도 돈을 벌어들이고 있다.

골프의 발상지 스코틀랜드 세인트앤드루스 올드 코스에서도 권력 이양이 있었다. 2005년 메이저대회인 브리티시 오픈 기간 중 스코틀랜드 왕립은행은 새로 발행하는 5파운드 지폐에 브리티시 오픈에서 은퇴하는 잭 니클로스의 얼굴을 넣은 지폐를 발행하였다. 영국지폐에 황실이 아닌 인물이, 그것도 외국인이 등장하기는 처음이었다. 화폐의 도안에 등장한 잭 니클로스는 이 시대의 권위가 황실이 아닌 또 다른 곳에서도 창출될 수 있음을 증명한다.

브리티시 오픈이 열리던 2005년 7월 16일, 영국에서 해리포터 6권, 《해리포터와 혼혈왕자(Harry Potter and Half-Blood Prince)》가 출간되었다. 저자 조앤 롤링은 이혼의 아픔을 딛고 커피숍의 구석진 코너에서 마법사와 해리 포터라는 새로운 콘텐츠를 만들어낸다. 신비로운 세계와 새로운 가치가 담긴 마법사 해리 포터는 무려 2억 7천만 부가 팔렸다. 한 명의 핵심인재의 영향력을 실감케 하는 대사건을 창조해 낸 것이다.

혼혈왕자, 타이거 우즈. 브리티시 오픈에서 첫날부터 마지막날까지 나흘 동안 단 한 번도 선두를 내주지 않는 '와이어 투 와이어(Wire To Wire)'의 퍼펙트한 경기로 그는 챔피언에 오른다. 이번 브리티시 오픈 우승으로 타이거 우즈는 1996년 프로 데뷔 이후 5,000만 달러가 넘는 상금 수입을 벌어들였다. 물론 상금 외에도 광고 모델, 대회초청료, 스폰서 등 타이거 우즈가 벌어들이는 돈은

가히 천문학적이다. 그뿐 아니라 타이거 우즈 효과는 골프, 스포츠, 마케팅, 텔레비전, 엔터테인먼트 등 각 분야에서 복합적으로 나타나고 있다. 타이거 우즈 한 명이 수십만 명을 먹여 살리고 있는 것이다.

순혈주의가 지배하던 세상은 이렇게 저물고 있다. 영국의 지폐에 골프 세계의 인재가 오르게 되었고, 가난한 이혼녀가 구석진 코너에서 써 내려간 마법사의 콘텐츠가 세상을 휘어잡고 있으며, 가난한 리버풀의 청년들이 부른 록이 국경과 세월의 간격을 뛰어넘어 영원한 사랑을 받고 있다. 수십만 명이 한 명을 위해 일하던 여왕의 시대 · 순혈의 시대가 가고, 그 자리에 감성과 다양성의 존재인 혼혈의 시대가 자리하고 있다.

혼혈, 타이거 우즈

유전학자들은 타이거 우즈를 흥미롭게 지켜보고 있다. 타이거 우즈는 철저한 혼혈이기 때문이다. 타이거 우즈는 완벽한 이종간의 결합으로 태어났다. 타이거 우즈의 족보를 보면, 아버지 얼 우즈는 아프리카 흑인과 아메리카 인디언의 혼혈이고, 어머니 쿨디다는 코카서스 백인종과 중국과 태국인의 혼혈이다. 흑인종, 황인종, 백인종의 모든 유전자가 섞인 타이거 우즈의 몸에는 인류의 모든 피가 다 흐르고 있다.

한편 전문가들은 타이거 우즈의 우수성을 다음과 같이 꼽는다.

1 탄력성과 유연성을 갖춘 완벽한 체력.

2 강력한 파워와 정교한 기술.

3 엄청난 승부의 압박감을 이겨 낼 수 있는 놀라운 집중력.

4 경쟁자를 압도하는 자신감.

5 위기상황을 견뎌 낼 수 있는 강한 인내력.

타이거 우즈의 이런 탁월함은 어디에서 나오는 것일까? 그 근원에는 혼혈의 힘이 있다. 흑인의 체력, 인디언 아파치의 용맹성, 코카서스 백인의 냉정한 판단, 중국인의 만만디, 태국인의 정열 등 각각의 피가 타이거 우즈의 몸에서 결합되어 상호 상승 에너지를 내고 있다.

2004년 타이거 우즈는 스웨덴 모델 출신의 금발미녀 엘린 노르데그렌(Elin Nordegren)과 결혼하였는데, 그녀는 북구(北歐)의 바이킹과 게르만의 후예라고 한다. 타이거 우즈의 2세가 태어난다면 그 또한 관심이 주목되는 유전인자를 가지고 태어나게 될 것이다.

혼혈에 대한 차별과 클럽의 복수

혼혈은 순혈로부터 항상 억압과 핍박을 받아 왔다. 순혈은 성을 쌓고 지키는 견고한 지배자였다. 그리고 그것을 지키기 위해 끊임없이 혼혈을 괴롭혔다. 순혈은 파이를 키워서 함께 번영하기보다는, 파이를 지켜서 그 달콤함을 대대손손 대물림하는 것이 목적이었다.

혼혈 타이거 우즈는 대를 이어 순혈에게 차별대우를 받아야 했다.

● 타이거 우즈의 아버지 얼 우즈는 캔사스 주립대학의 야구선수였다. 그의 팀이 오클라호마 대학과의 시합을 위해 노먼 시(市)로 갔을 때 얼 우즈는 동료들과 함께 호텔에 들어갈 수 없었다. 흑인이라는 이유로 그는 오클라호마시티에서 홀로 떨어져 나와 '니그로(Negro)들'을 위한 호텔에 투숙해야 했다. 또 그는 동료들이 레스토랑에서 식사를 하는 동안에도 주차장에서 홀로 식사를 해야 했던 적이 한두 번이 아니었다.

● 어린 시절 줄곧 '네이비(Navy) 코스'에서 운동하던 타이거 우즈는 피부색과 나이 때문에 열 살이 될 때까지는 어른이 지켜보는 가운데서만 플레이를 할 수 있다는 제약을 받았다. 또한 열 살이 되지 않은 백인아이들이 자유롭게 플레이하는 것을 지켜보아야 했다.

● 여섯 살, 유치원에 입학한 첫날 백인상급생들은 타이거 우즈를 나무에 묶어 놓고 그의 피부색을 두고 온갖 사나운 욕설을 하고 돌을 던졌다.

● 스탠포드 대학 1학년 재학 중 US아마추어 오픈에서 우승하고 기숙사로 돌아온 타이거 우즈는 익명의 편지를 받았다. "검둥이를 정글에서 데리고 나올 수는 있지만, 검둥이한테 정글을 빼앗길 수는 없다."

골프 황제로 등극한 지금 타이거 우즈는 혼혈로 인해 직접적으로 부당한 대우를 받거나 차별을 받는 일은 없다. 타이거 우즈가

1997년 마스터스에서 우승했을 당시 '프랭크 어반 쥘러(1979년 마스터스 우승자)' 라는 프로골퍼가 오거스타의 클럽하우스에 흑인들이 좋아하는 메뉴가 등장할 것이라는 조크를 던졌다가 언론의 무차별 포격을 받았다. 그는 시대에 뒤떨어진 어리석은 사람으로 낙인찍혔다.

황제가 가는 곳마다 카메라 플래시가 터지고 갤러리들은 황제를 연호하며 보다 그에게 가까이 가고 사인을 받기 위해 안달을 한다. 혼혈과 순혈의 구분 없이 모두 황제에게 경배하는 것이다. 어린 시절 그의 부모의 가르침이었던 '너의 클럽이 너를 대신해서 말하게 하라' 는 주문대로 된 것이다.

"부당한 일을 당했을 때, 화가 났을 때, 굳이 말할 필요가 없다. 네 클럽으로 복수하면 된다. 그것이 너를 대신해서 말해 주는 최고의 무기다. 장차 너의 클럽은 다음과 같은 말을 수없이 하게 될 것이다. '너의 클럽이 너를 대신해서 말하게 하라' 고."

순혈주의에 대한 경고, 후쿠다 보고서

1993년 이건희 회장이 신경영의 깃발을 들었을 때, 그 도화선이 된 것은 삼성전자의 고문디자이너 후쿠다 시게이가 제출한 〈경영과 디자인〉이라는 보고서였다. 일본 도쿄에서 회의를 마치고 프랑크푸르트로 가는 이 회장에게 후쿠다 고문은 기내에서 읽으라며 두툼한 서류봉투를 내밀었다. 이건희 회장이 봉투를 열자 그 안에는 사표와 보고서가 함께 들어 있었다. 보고서에는 경영자와 디자이너간의 견해와 시각의 차이가 적시되어 있었는데, 한마디로 더 이상 삼성전자와 함께할 수 없다는 것이었다.

이 보고서의 타이틀은 〈경영과 디자인〉이었지만 내용은 당시 삼성전자의 순혈주의에 대한 이성적이고 냉철한 비판이었다. 삼성전자의 혁신의 불씨는 이렇게 시작되었다. 나중에 후쿠다 고문의 사표는 반려되었고, 대신 격려금 1,000만 엔이 지급된다.

1993년 당시에도 삼성전자는 우리나라 최고기업이었다. 그런데 절제되지 않은 최고는 오만함으로 가득 차 있을 수 있다. 이건희 회장이 삼고초려(三顧草廬)로 모셔온 후쿠다 고문이 지적하고 제안한 사항들은 수용되지 않았고, 일본 사람이 우리의 현실을 모르고 이상적인 것만 추구하는 것으로 치부되었다. 당시 삼성전자는 강한 순혈주의가 지배했다. 부서 이기주의, 담합주의, 관료주의, 결과 평등주의 등에다 '양(量) 위주'의 가치관이 지배하고 있었다. 가치관이 다른 이질과 혼혈은 발붙일 틈이 없었고 일사불란한 순혈주의가 팽배해 있었다. 채용 방식도 신입 공채 위주였고 경력사원이나 현지인은 필요에 따라 소수만 채용하였다. 결국 후쿠다 고문은 최후의 선택을 하였고, 후쿠다 보고서를 본 이건희 회장은 많은 생각을 하였을 것이다.

리더의 준엄한 질타

이건희 회장의 문제 해결은 위기의식 주입과 과거 반성에서 시작한다. 개인주의와 집단이기주의, 즉 순혈주의에 대한 이건희 회장의 현실 진단은 가차없이 쏟아져 나왔다.

"우리 그룹에서 가장 심각한 문제를 안고 있는 회사가 전자, 중공업, 건설, 종합화학이다. 누구 책임이냐. 그 누구의 책임도 아니다. 그러나 지금부터는 경영자의 책임이다. 암은 초기에 수술하면 100퍼센트 나을 수 있다. 2기에 들어가서 임파선이나 혈관으로 전이되면 생존율이 거의 50퍼센트이고, 전이되지 않으면 1기와 거의 비슷해서 98퍼센트까지 생존할 가능성이 있다.

전자는 암 2기다. 중공업은 영양실조다. 자금과 기술자만 좀더 넣고 노력하면 살아날 수 있다. 건설은 영양실조에 당뇨병이다. 더 열심히 뛰어야 하고 사람을 많이 넣어야 한다. 특히 중간관리자를 많이 넣어야 될 것이다.

종합화학은 선천성 불구기형이다. 태어날 때부터 잘못 태어났다. 그러나 수술만 잘하고 영양 공급만 잘하면 불구는 면할 가능성이 있다. 지금부터 어떻게 하면 대수술을 성공적으로 하고, 영양 공급도 잘하고, 사람도 빨리 키우느냐가 관건이다.

사람을 많이 쓰는 서비스나 물산은 상대적으로 유리한 업인데 물산도 고질적인 병이 너무 많다. 종합화학과 삼성전자를 합쳐서 둘로 나눈 정도의 증세가 삼성물산의 병이다."

이건희 회장은 구체적인 치료방법과 처방전을 내린다.

"개인주의와 집단이기주의를 버리고, 개인과 부서 간에 쌓인 벽을 허물어야 한다. 타율과 획일의 굴레를 벗어던지고, 자율과 창의가 살아 숨 쉬는 조직으로 바꾸어야 한다. 우리 각자가 오그라진 생각을 떨쳐 버리고, 인간미와 도덕성을 회복하여 스스로 부끄러운 짓을 하지 않도록 크게 각성해야 한다. 타성에 젖어 현실에 안주하려 하지 말고, 일류를 지향하면서 아무 일에도 구애받지 말고 자유로운 발상을 구사해야 한다."

삼성전자 인적 DNA는 혼혈이다

"개인주의와 집단이기주의를 벗어 버리고, 벽을 허물어야 하며, 굴레를 벗어던지고, 자율과 창의가 살아 숨 쉬는 조직으로 바꿔라."

순혈주의(Single Blood)를 혼혈주의(Mixed Blood)로 바꾸라는 이건희 회장의 신호가 떨어지자 긴급조치가 발동되었다. 권위주의와 이기주의 속에서 변화를 거부하던 조직이 벽 없는 조직, 활기찬 조직으로 바뀌기 시작했다. 일하는 방식도 관리 위주의 안전주의에서 설사 실패가 있더라도 기회를 선점하는 도전주의가 자리 잡아 갔다.

삼성전자의 임원 분포를 보면 서울대, 고려대, 연세대 출신의 흔히 말하는 'SKY'가 30퍼센트를 조금 넘는 수준이다. 2005년 7월에 발표한 거래소에 상장된 상장회사 임원 현황에서 서울대 21.7퍼센트, 고려대 9.7퍼센트, 연세대 8.6퍼센트로 40퍼센트 내외인 것과 비교해 보더라도 상대적으로 낮다. 삼성전자의 지방대 출신 임원은 25퍼센트로 여타 기업에 비해 놀랄 만한 구성비를 나타내고 있다. 출신 성분을 따지지 않고 능력 위주로 평가하는 혼혈의 문화가 형성된 것이다.

인력 채용 방식도 공채 위주에서 경력사원 스카우트를 확대하고 글로벌 시대에 맞게 미국과 유럽의 현지 채용을 대폭 늘렸으며, 혼혈주의의 원칙에 따라 국내에서도 삼성의 기업문화에 적응할 수 있는 인물이라면 경쟁사 직원도 스카우트한다.

삼성전자에 근무하는 여직원은 2005년 1분기 기준으로 2만 822명. 총직원 6만 6,586명 중 31퍼센트에 해당한다. 탁아시설이나 수유시설도 사업장마다 근무에 차질이 없도록 배려한다. 2004년 신입사원 채용 때는 25퍼센트 정도의 여성인력을 뽑아 신입사원 인원수에서도 비중이 늘어나고 있다. 여성 임원은 1명에 불과하지만 과장급 이상은 600명 정도로 여성의 역할이 점점 커지고 있다.

5 세상으로 가는 플랫폼, 스탠포드 정신

금요일의 파티, TGIF

매주 금요일 스탠포드 공과대학 건물 테라스에는 피자와 케이크, 소프트드링크 등이 준비되고 교수와 학생들이 삼삼오오 모여든다. 금요일의 파티 TGIF(Thanks, God. It's Friday)가 열리는 것이다. 이 파티에는 초대받지 않은 손님들도 자주 등장한다. 인근에 있는 실리콘밸리 벤처캐피털 관계자와 벤처업계에서 대박을 터뜨린 스탠포드 출신의 '전설적인 인물들'도 자주 어슬렁거리며 나타나곤 한다.

구글(Google)의 공동창업자인 래리 페이지(Larry Page)와 세르게이 브린(Sergey Brin)도 가끔 참석하고, 이 두 사람에게 10만 달러짜리 거액 수표를 선뜻 내놓은 안드레아 백톨샤임(Andreas Bechtolsheim) 선마이크로시스템즈의 공동창업자도 이 파티를 즐겨 찾는다. 물론 안드레아 자신도 이 파티에서 만난 투자자를 잡아끌고 연구실에 데리고 가서 자신이 만든 발명품을 보여주었던 경력을 갖고 있다.

이처럼 금요일의 파티, TGIF는 스탠포드 천재들의 기술이 실리콘밸리의 자본을 만나 벤처의 계보를 만들고 이어가는 장이다. 스탠포드와 실리콘밸리에 활력을 불어넣는 창조의 공간이며 인재와 기술이 자본이라는 파트너를 만나 춤을 추는 자리다.

타이거 우즈도, 삼성전자 반도체의 주역들도 스탠포드에서 자본을 만나고 세상을 만난다. 1994년 스탠포드 대학 1학년에 재학 중이던 타이거 우즈는 아마추어 최고의 대회인 US아마 오픈에서 인상 깊은 경기로 챔피언에 오르면서 세상의 시선을 사로잡는다. 앞서 말한 대로 타이거가 결승전에서 오클라호마 대학의 졸업반 트렙 쿠넨과 36홀 매치 플레이를 펼쳤는데, 초반의 열세를 뒤집고 막판 극적인 역전으로 승리를 거머쥐자, 스포츠 자본인 나이키의 필 나이트 회장과 스포츠 매니저먼트 IMG의 마크 맥코맥 회장이 타이거 우즈에게 손을 내민다.

삼성전자 반도체의 황창규 사장과 삼성전자 사장을 거쳐 현재 정보통신부를 맡고 있는 진대제 장관도 스탠포드에서 삼성전자를 만난다. 매사추세츠 공대를 졸업하고 스탠포드에서 전기공학과 책임연구원으로 근무하던 황창규, 매사추세츠 공대에서 석사, 스탠포드에서 박사를 마치고 실리콘밸리에서 휴렛팩커드와 IBM의 연구원으로 재직 중이던 진대제, 그들은 함께 일하자는 삼성전자의 제의에 귀국 보따리를 싼다.

삼성전자가 이들에게 어떤 엄청난 제안을 했기에 인텔이나 IBM을 단번에 버리고 귀국의 결단을 내리게 되었을까? 그것은 돈도 신분 보장도 아니었다. 그들의 마음을 움직인 것은 반도체 기술의 선진국 일본을 앞지르자는 의기투합이었다.

세상의 많은 자본들은 기술과 아이디어로 무장한 스탠포드의 인재를 원하고 있다. 서부의 개척정신과 실리콘밸리의 기업가정신이 결합된 스탠포드의 유전인자가 탁월한 성과를 창조해 내고 있기 때문이다.

고담준론과 실사구시

미국 동부 하버드 대학이 전통을 중시하는 고담준론(高談峻論)의 학풍이라면, 서부의 스탠포드 대학은 지식을 실생활에 활용하고 이를 산업화하는 실사구시(實事求是)의 학풍을 가지고 있다고 할 수 있다. 하버드가 기초와 이론에 강하다면 스탠포드는 응용과 창조에서 두드러진다.

스탠포드는 IT의 메카인 실리콘밸리와 미국 골프의 자존심이라 할 수 있는 페블 비치골프장 가까이에 있다. 벤처산업의 산실과 최고의 골프장이 디지털 인재양성소인 스탠포드를 정점으로 황금의

트라이앵글을 구축하고 있는 것이다.

얼마 전 미국의 골프주간지 〈골프 월드(Golf World)〉는 악천후 속 베스트 골퍼를 선정했는데, 1위에 톰 왓슨(Tom Watson), 2위에 타이거 우즈가 선정되었다. 모두 스탠포드 출신이다.

이 분야 최고 골퍼로 선정된 톰 왓슨은 스탠포드에서 심리학을 전공한 엘리트 골퍼다. 그는 메이저대회에서 8번 우승했는데 그 중 5번은 악천후로 이름 높은 스코틀랜드의 브리티시 오픈에서였다. '브리티시의 사나이'라는 별명도 여기서 나왔다. 골프평론가들은 톰 왓슨의 다양한 샷과 긍정적 사고를 스탠포드 학풍과 연결시키기도 한다.

비가 몰아치고 바람이 불면서 예측불허의 상황이 계속되는 악천후, 이런 날씨의 경기에서는 정공법보다는 상황에 맞는 응용력과 창조력이 요구된다. 악천후 속 베스트 골퍼들은 어떻게 위기상황을 돌파할까?

첫째, 다양한 샷을 구사할 줄 알아야 한다. 톰 왓슨은 온갖 탄도의 볼을 자유자재로 구사할 수 있는 능력을 갖추고 있다. 심지어 테니스에서처럼 톱 스핀을 적용한 볼까지도 마음대로 만들어 낸다. 타이거 우즈는 6번 아이언 하나로 120가지 샷을 구사할 줄 안다고 한다. 하이, 로우, 펀치 샷은 물론 심지어 훅이나 슬라이스처럼 미스 샷이라고 여겨지는 것도 적절히 활용한다.

둘째, 긍정적 사고가 필요하다. 톰 왓슨은 악조건에서 경기를 하는 게 오히려 재미있다고 말한다. 피할 수 없으면 즐기라는 격언과도 일치하는 대목이다. 날씨가 좋지 않다고 해서 '오늘은 어쩔 수 없다'는 부정적인 생각이 자리를 잡으면 자신감도 잃게 되고 경기도 망치게 된다.

셋째, 끈기와 집요함이다. 인텔의 CEO 앤드루 그로브는 "두려움은 승리를 위한 열정을 만들어 내고 유지시키며, 악조건에서는 편집광의 집요함이 요구된다."고 하였다. 톰 왓슨이 경기를 지연시키는 지루한 골프를 한다는 빈정거림을 듣하면서도 결코 버리지 않는 이 집요함과 끈기는 힘든 경기일수록 더욱 진가를 발휘한다.

넷째, 자신을 컨트롤할 줄 알아야 한다. 악천후에는 맞서기보다 순응하고 적응해야 한다. 비가 오면 비를 맞고 눈이 오면 눈을 맞아야 한다. 순풍이면 순풍의 리듬을 타고 역풍이면 클럽을 길게 잡아 역풍에 대처해야 한다.

다섯째, 기본에 충실해야 한다. 교과서에 충실할 때 응용문제도 잘 풀 수 있는 것처럼 스탠포드의 강점인 응용과 창조도 기초에 충실할 때 빛을 발할 수 있다. 기본기가 탄탄하고 준비와 연습으로 무장된 선수만이 악천후에서도 승리를 엮어 낼 수 있다.

13살 소년, 스탠포드와 편지를 주고받다

친애하는 타이거에게
나는 여기 스탠포드에서 자네처럼 남달리 탁월한 젊은이들에게

때가 늦기 전에 어서 빨리 나의 뜻을 전해야겠다는 생각으로 이렇게 편지를 쓰고 있네.

1989년 3월, 스탠포드 대학 골프코치인 월리 굿윈이 타이거에게 보낸 편지의 첫 대목은 스탠포드 입학 의사를 타진하는 것으로 시작된다. 당시 13살 소년인 타이거가 입학하려면 아직도 5년이라는 기간이 남았는데도 골프 천재를 잡기 위한 작업이 시작된 것이다. 다음은 소년 타이거 우즈의 답장이다.

굿윈 선생님께

스탠포드 대학이 장래의 학생이자 골퍼로서 저를 받아들이려 한다는 뜻을 밝혀 주신 선생님의 편지에 감사드립니다. 처음에 저는 스탠포드와 같은 대학이 13세 7개월밖에 안 된 저와 같은 아이에게 관심을 가지는 이유를 이해할 수 없었습니다. 그러나 아버지와 의논한 뒤에 저는 그 이유를 충분히 이해할 수 있었고 선생님께서 저에게 보여주신 호의에 깊이 감사드리게 되었습니다. 저는 사전트 선생님이 저의 장래에 관심을 가지시고 저를 선생님께 소개해 주신 데 대해서도 깊이 감사드리고 있습니다.

저는 텔레비전에서 올림픽과 데비 토마스를 본 후부터 스탠포드의 대학생들에게 깊은 관심을 가져왔습니다. 제 목표는 수준 높은 실무교육을 받는 것입니다. 선생님께서 편지로 저에게 들려주신 말씀은 제가 앞으로 대학생활을 준비해 나가는 데 크게 도움이 될 것입니다. 올해 저의 GPA(평균학점)는 3.86입니다. 저는 고등학교에 들어가서도 이 점수를 유지하거나 더 올려야겠다고 다짐하고 있습니다.

저는 지금 제 나름의 훈련 프로그램에 따라서 체력을 키우고 있습니다. 4월에 저의 USGA(미국골프협회)의 핸디캡은 1이었습니다. 저는 올 여름에 SCPGA의 토너먼트 대회에 출전할 예정이고 또 어쩌면 AJGA 대회에 출전하게 될지도 모르겠습니다. 저의 목표는 오는 7월에 열리는 주니어 월드대회에서 네 번째 우승을 거두고, 나이별 부문에서 모두 우승한 최초의 선수가 되는 것입니다. 저는 궁극적으로는 PGA프로가 되고 싶습니다. 내년 2월에 태국으로 가서 아마추어로서 타이 오픈에 출전할 여정입니다.

저는 선생님께서 계신 학교의 골프코스에 대해 충분히 듣고 있습니다. 언젠가는 아버지와 함께 그곳에서 경기를 해 보고 싶은 마음이 간절합니다.

곧 선생님으로부터 소식이 오기를 기다리겠습니다. 안녕히 계십시오.*

타이거 우즈 5-5/100**

---

*존 스트리지, 《타이거 우즈의 신화》, 동화출판, 1997.
**타이거 우즈의 키와 몸무게를 기록한 것으로, 키 5피트 5인치는 약 157cm, 몸무게 100파운드는 약 40kg 정도 된다.

편지를 받은 굿윈은 깜짝 놀랐다. 13살 소년이 쓴 것이라고 믿기에는 너무나 뛰어난 편지였다. 문장마다 적절한 동사가 들어가 있고 현재의 입장과 미래의 비전이 일목요연하게 나열된 완벽한 사명선언서였던 것이다. 굿윈 코치는 타이거 우즈의 어머니 쿨디다에게 전화를 걸어 누구의 도움도 받지 않고 타이거 우즈가 직접 이 편지를 썼다는 사실을 확인하고는 또 한 번 놀란다.

코치와 타이거 우즈의 편지는 5년 동안 계속 되었고, 될성부른 나무를 떡잎부터 알아본 스탠포드는 골프 천재를 입도선매(立稻先賣)할 수 있었으며, 소년 타이거 우즈는 가슴에 스탠포드를 품는다.

스탠포드 경제학과 학생

어린 시절 경제학으로 진로를 결정한 타이거 우즈는 '왜 경제학을 선택했느냐'는 아버지의 질문에 "나는 프로골퍼로 성공할 것이고 엄청난 부자가 될 것입니다. 그때 나의 재산이 올바르게 투자되고 관리되고 있는지 확인하기 위해서입니다."라고 답한다.

스탠포드 경제학과에 입학한 타이거 우즈는 전공과목과 골프라는 두 마리 토끼를 다 잡아야 했다. 스탠포드는 골프선수라고 해서 학점에 예외를 두지 않았다. 이때 타이거 우즈는 교양과목으로 인종 및 민족에 관련된 과목과 아프리카 문학을 선택하여 평소 관심이 있던 분야를 폭넓게 학습하는 기회를 갖는다. 1994년 스탠포드에 입학한 타이거 우즈는 3학년인 1996년에 학교를 자퇴하고 프로에 데뷔한다. 마치 빌 게이츠가 하버드 대학을 3학년에 중퇴한 것처럼. 그렇다면 스탠포드에 있던 그 3년 동안 타이거 우즈는 무엇을 배웠을까?

아마추어를 평정하다

아마추어 최고의 대회는 US아마 오픈이다. 골프의 전설 보비 존스도 이 대회를 석권함으로써 최초의 그랜드슬래머가 되었고, 잭 니클로스도 오하이오 주립대학교 학생 시절인 1959년, 1961년 이 대회에서 우승하고 프로에 데뷔하였다. US아마 오픈은 프로의 정상으로 가는 등용문이다. 이 대회의 경기 방식은 매치 플레이다. 한 번이라도 패하면 그대로 물러나는 녹아웃게임이다. 2005년 대회에서 승승장구하던 골프 천재소녀 미셸 위가 8강전에서 단 한 번의 게임에 아웃된 것처럼 매치 플레이는 한 게임 한 게임이 살얼음판이다. 매치 플레이를 통해 아마추어 고수들 중 최고의 챔피언을 뽑는 대회에서 타이거 우즈는 대회 3연패라는 찬란한 금자탑을 품에 안는다.

메이저대회에 초청되다

PGA의 메이저대회는 마스터스, US오픈, 브리티시 오픈, 그리고 PGA챔피언십 이렇게 4개 대회를 일컫는다. US아마 오픈 우승자는 PGA챔피언십을 제외한 마스터스와 US오픈, 브리티시 오픈에 초청된다. 프로들 사이에서 마음껏 기량을 펼쳐 보라는 것이다. 스탠포드 대학생 타이거 우즈는 프로들이 겨루는 메이저대회에 출전하여 실력과 기량을 테스트하는 기회를 갖게 된다. 아마추어라는 우물 안에서 벗어나 프로라는 다른 세상에서 살아남을 수 있을 것인가를 시험하게 된다. 스탠포드 실험실에서의 연구가 실리콘밸리를 거치며 세상에서 통할 수 있을 것인지를 테스트하듯이, 타이거 우즈는 메이저대회에 참가하여 프로들과 기량을 겨루며 마침내 1996년 브리티시 오픈을 마치고 프로에 데뷔한다.

팀 플레이와 팔로워십을 배우다

타이거 우즈의 골프 실력은 최고였지만 스탠포드 골프 팀에서는 1학년 학생일 따름이었다. 볼을 주워야 했고 가방을 둘러메야 했다. 훈련이나 대회 참가를 위해 여행을 갔을 때 숙소에 침대가 모자라면 간이침대는 1학년생들의 몫이었다. 특별대우란 없었고 1학년에게는 책임만 부여되었는데, 타이거 우즈는 이러한 역할들을 훌륭하게 소화해 내며 팀 플레이의 중요성과 섬김의 리더십을 체험한다.

스탠포드 팀을 위해서도 타이거 우즈는 많은 공헌을 한다. 대학들이 겨루는 골프대회에서 타이거 우즈는 팀의 견인차가 되어 스탠포드가 애리조나 주립대, 오하이오 주립대 등을 제치고 골프의 명문이 되는 데 기여한다.

다이너마이트 댄서의 자유 표현

스탠포드 골프 팀원들은 타이거 우즈에게 '다이너마이트'라는 별명을 붙여 주었다. 남학생 사교클럽에 가입한 타이거 우즈는 댄스 플로어에 나가면 리듬도 템포도 스텝도 무시한 댄스를 보여 주었는데 소위 '막춤'이었다. 마치 TNT를 터뜨리는 사람과 흡사하다 해서 붙여진 별명이 다이너마이트였는데, 틀에 얽매이지 않는 타이거 우즈 특유의 자유로움을 여기서 느낄 수 있다.

당시 스탠포드 골프 팀은 유색인종 집합소였다. 인디언의 후예 노타 비게이가 있었고 일본계 윌리엄 야나기시와, 그리고 중국계 제리 창에다 타이거 우즈까지, 그들에게는 모종의 유대감이 있었다. 타이거 우즈는 지금도 스탠포드를 추억하면서 그 시절이 제일 그립다고 이야기한다. 개방과 경쟁, 그리고 자유분방함으로 무장한 다양한 천재들이 몰입하는 곳, 스탠포드는 타이거 우즈에게 세상으로 가는 플랫폼이었다.

건곤일척의 승부, 반도체 진출

삼성전자와 스탠포드의 보이지 않는 끈은 반도체의 태동기까지 그 역사가 거슬러 올라간다. 1982년 이병철 회장은 보스턴 대학에서 명예박사학위를 받기 위해 약 3주간 미국을 방문하게 된다. 보스턴 방문에 앞서 실리콘밸리를 찾은 이병철 회장은 반도체의 거대한 잠재력을 몸소 체험한다. 당시 〈중앙일보〉에 기고한 '나의 미국 방문 단상기'에 소개된 실리콘밸리 방문 소감에도 이병철 회장의 심중이 잘 드러나 있다.

"나는 미국이 조만간 위대한 국민성을 깨워 산업재건에 성공함으로써 현 경제난국을 극복하고 자유세계의 리더 역할을 계속하게 되리라는 것을 확신한다. 나는 이번에 돌아본 휴렛팩커드의 컴퓨터 반도체 공장, 반도체 산업의 요람인 캘리포니아 주의 실리콘밸리, IBM의 완전 자동화된 반도체공장을 돌아보고 그런 확신을 굳혔다."

삼성전자의 반도체 진출을 결정한 1983년은 이병철 회장이 73세 되는 해였다. 돌다리도 두드려 보는 것은 물론이거니와 다른 사람이 건너가는 것을 확인하고 나서야 건넌다는 치밀함의 대명사 이병철 회장은 다음의 통계를 보고 건곤일척(乾坤一擲)의 승부수를 던진다.

"철강은 톤당 340달러, 석탄은 40달러, 알루미늄은 3,400달러. 텔레비전은 2만 1,300달러, 반도체는 85억 달러, 소프트웨어는 톤당 426억 달러의 부가가치가 있다."

반도체의 부가가치, 그리고 스탠포드 배후에 있는 실리콘밸리의 활기를 몸으로 느낀 이병철 회장은 반도체 투자를 결정하게 된다.

씨를 뿌리는 사람이 있고, 싹이 돋는 것을 보고 떠나는 사람이 있는가 하면, 잎과 줄기가 뻗어갈 수 있도록 돌보는 사람, 꽃을 피우는 사람, 그리고 결실을 맺는 사람이 있다. 현명관 삼성물산 회장은 2005년 7월 한 강연에서 삼성전자 반도체는 삼성전자가 아니라 삼성그룹이 만들었다고 말한다. 당시 삼성전자는 적자였는데 삼성그룹 계열사들이 총출동하여 삼성전자의 부도를 막았기 때문에, 오늘날 삼성전자 반도체가 있을 수 있었다는 의미다. 이처럼 많은 사람들의 공헌으로 삼성전자는 반도체 산업의 기틀을 마련했고 도약을 위한 기회를 창출했다.

반도체 신화의 터전을 일구어 온 CEO 강진구, 김광호, 이윤우 등은 고비 때마다 탁월한 리더십을 발휘하여 16KD램에서 64KD램으로, 다시 256KD램으로 스스로를 진화시킨다. 스탠포드 출신 진대제와 황창규는 그 과정을 계승하여 일익을 담당한다. 진대제는 4MD램과 16MD램을 개발하였고, 황창규는 256MD램을 개발하여 삼성전자 반도체의 신화를 재창조해 나간다.

황창규, 나의 경영철학

성균관대학교 삼성 CEO 강좌에서 특강을 맡은 황창규 사장은 '나의 경영철학'이라는 대목에서 다음과 같이 말한다.

"내 사무실에는 나를 칭찬하는 사람은 못 들어오게 합니다. 그런 사람이 있으면 나가라고 발로 찹니다. 내 사무실에는 '이러면 안 됩니다. 저러면 안 됩니다.' 이런 말을 하는 사람만 들어오게 합니다. 이것이 나의 경영철학입니다."

경영철학을 이렇게 단순하고 간결하게 말하는 CEO는 드물다. 명색이 자신의 경영철학인데 비전과 변화라는 단어도 없고, 과감한 도전이나 미래지향 같은 어구도 없으며, 화려한 수식어는 더욱 없다. 황 사장의 명료하고 친화력 있는 커뮤니케이션은 강의를 듣는 젊은 청중들의 가슴을 파고든다.

'황의 법칙'을 설명하면서도 그는 겸손하다. 2002년 세계 3대 반도체학회 중 하나인 ISSCC(International Solid-State Circuits Conference)에서 발표한 "반도체 집적도는 1년에 2배씩 증가하며 이를 주도하는 것은 모바일 기기와 디지털 가전 등 이른바 Non-PC가 될 것"이라는 황 사장의 주장을 반도체 업계와 학계에서는 '황의 법칙'이라고 부른다. 그런데 유독 황 사장만은 이를 '메모리 신성장 이론'이라 부르고 있다.

황창규 사장은 강의를 잘한다. 청중을 리드하며 그들의 마음을 사로잡는다. 생소하고 어려운 반도체 이야기도 청중들의 입장에서 쉽고 재밌게 풀어 나간다. 반도체 분야 최고 전문가답게 변화의 흐름을 꿰뚫는 안목과 해군사관학교에서의 교관 경험, 그리고 해외 생활에서 익힌 국제 수준의 매너 등이 어우러져 그만의 매력을 창조한다. 강의 중간중간 청중들의 웃음을 끌어내는 순발력도 돋보인다. 2005년 3월 하버드 대학, UC버클리 대학, 2004년 매사추세츠 대학, 2003년 스탠포드 대학, 그리고 2002년 케임브리지 대학 등 해마다 계속되는 황 사장의 세계 명문대학 강연은 반도체의 흐름과 미래 예측의 중요한 척도가 되고 있다고 해도 과언이 아닐 것이다.

반도체와 골퍼의 공통점

디지털 시대의 신인류를 '디지털 유목민(디지털 노마드)'이라 하여 우리에게 더욱 널리 알려진 일본 반도체 업계의 마키모토 쓰기오 소니 그룹 고문. 그는 스탠포드 대학을 거쳐 1959년부터 1999년까지 히다찌에 40년간 몸담았던 일본 반도체 업계의 태두로, 트랜지스터부터 시작해 D램에 이르는 일본 반도체 산업의 산 증인이다. 그는 특히 1980년대 중반, 통상 7~10년마다 시장이 원하는 반도체 솔루션의 종류가 바뀌는 현상을 짚어 낸 마키모토 곡선(Makimoto's wave)을 발표한 주인공이기도 하다. 어느 해 그가 페블 비치에서 개최된 글로벌 일렉트로닉 서밋에서 밝힌 반도체와 골퍼의 공통점에는 함께 되짚어 볼 만한 부분이 있다.

첫째, 골퍼와 반도체장이는 모두 낙천주의자라는 것. 골퍼들은 하나같이 그날 라운딩 결과에 관계없이 '다음엔 잘 되겠지' 하는 낙천적인 성격을 갖고 있고, 주기적인 호황 불황에 익숙한 반도체 바닥 사람들 역시 다음 호황을 믿어 의심치 않는 낙천주의자라는 것이 그의 설명이다.

둘째, 골프에서 3번 연속 좋은 스윙을 하는 경우가 드문 것처럼, 반도체 경기도 3년 내리 호황이 이어지는 경우가 드물다.

셋째, 실수를 통해 배운다는 것. 좋은 골퍼가 끊임없는 실수와 노력으로 탄생하는 것처럼, 성공한 반도체 회사들은 실수를 하지 않는 회사가 아니라 실수를 되풀이하지 않기 위해 노력하는 회사다.

반도체와 평생을 함께하고 있는 마키모토 고문. 자신의 분야에서 남다른 통찰력을 보여 주고 있는 이 노신사의 세 번째 지적은 더욱 인상적이다. 실수를 통해 배운다는 점, 그리고 실수를 되풀이하지 않기 위해 노력하는 회사가 성공한다는 것에서 우리는 많은 깨달음을 얻게 된다.

Cold Pizza, No Sleep, Red Eye

스탠포드 공대 실험실 벽에는 이런 낙서가 있다. 'Cold Pizza, No Sleep, Red Eye.' '차디찬 피자를 먹고 잠을 못 자서 충혈된 눈'이라는 이 낙서에서 우리는 밤을 새워 가며 연구와 실험을 계속하고 있는 스탠포드 젊은이들의 도전정신과 실험정신을 읽을 수 있다.

서부의 개척자 정신과 실리콘밸리의 기업가 정신이 결합된 스탠포드의 철학. 그들은 불확실성에 도전하고 미래의 흐름을 예측하여 철저하게 사전준비를 하며, 현실에 안주하지 않고 끊임없이 새로운 영역을 개척한다. 삼성전자에는 바로 그 정신이 녹아 있다.

6 상대의 성공을 통해 나의 성공을 발견하라

연못에 카메라를 던진 스티브 윌리엄스

2002년 12월 2일 미 PGA 스킨스 게임 이틀째 20만 달러가 걸려 있는 18번 홀, 타이거 우즈의 티샷이 페어웨이의 벙커에 들어갔다. 벙커샷을 위해 우즈의 스윙이 톱에 이른 순간, 한 관중이 요란한 셔터 소리와 함께 사진을 찍었다. 이때 타이거 우즈의 캐디 스티브 윌리엄스는 사진을 찍은 관중에게 달려가 카메라를 빼앗아 그대로 연못에 던져 버렸다. 가격만 7천 달러가 넘는 고급카메라였지만 스티브의 행동에는 주저함이 없었다. 그에게는 플레이어인 타이거 우즈의 사기 관리가 우선이었다.

플레이를 하는 동안 캐디의 역할은 결코 클럽 운반이 전부가 아니다. 플레이어의 사기 관리를 포함하여 최고의 실력을 발휘할 수 있도록 무한대의 어시스트를 해야 한다.

스티브 윌리엄스가 카메라를 던져 버리자 PGA의 톱 플레이어
들은 한결같이 그의 행동에 찬사를 보냈다. 데이비드 러브 3세는
"이런 순간을 정말 오랫동안 소망해 왔다."며 두둔하고 나섰고, 필
미켈슨은 "카메라 통제를 제대로 못하면 대회 권위는 무너질 것"
이라며 주최측의 안이한 관중 통제를 지적하기도 했다.

그런데 모든 프로들이 진절머리 내는 카메라 셔터 소리에 이렇
듯 직접적으로 반응한 것은 타이거의 캐디 스티브 윌리엄스뿐이었
다. 그는 전력도 화려하다. US오픈에서는 사진기자의 카메라를 발
로 차 버리기도 했고, 페블 비치의 18번 홀에서는 티샷한 볼이 바
다에 빠지자 카메라를 낚아채 바다에 던져 버리기도 했다. 이로 인
해 그는 미국골프협회(USGA)의 제재를 받아 벌금 1만 달러를 부
과받기도 했다.

캐디의 행동은 선수의 책임이기 때문에 벌금은 타이거 우즈에게
부과된다. 물론 선수는 캐디에게 지불하는 급여에서 그 비용을 제
할 수 있다. 그러나 타이거는 자신이 그 벌금을 냈다.

빅딜과 처녀과부론

"삼성자동차는 처녀지만 대우전자는 과부." 1998년 외환 위기
당시 삼성자동차와 대우전자의 빅딜 합의를 위한 담판 자리에서
삼성구조조정본부 이학수 부회장이 주창한 '처녀과부론' 이다. 삼

성자동차는 어떤 상황에 있는지 투명하게 드러나는 회사지만 대우전자는 그동안 무슨 일이 있었는지 알 길이 막막한 '과부' 같은 회사여서 맞교환할 수 없다는 논리다.

지금은 서강대학교 총장으로 재직 중인 손병두 전(前) 전경련 부회장의 회고에 의하면 정부의 거듭된 빅딜 합의 재촉에 이건희 삼성회장, 김우중 전 대우회장, 이학수 삼성구조조정본부장, 그리고 손 부회장 등 4명이 담판을 위해 모였다. 정부와 대우의 입장은 빅딜 추진, 삼성은 빅딜 거부 입장이었는데 삼성 회장이 정부 입장을 대놓고 반대하기에는 부담이 있었다. 손대기 거북한 이 일을 누군가가 움켜쥐어야 했다. 이학수 본부장은 이때 삼성의 이건희 플레이어를 대신하여 당차게 '처녀과부론'을 들어 빅딜 불가를 외쳤다.

후일 들리는 이야기에 의하면 김우중 전 대우 회장은 빅딜이 무산된 것보다 플레이어를 대신하여 입장을 대변해 줄 참모가 자신에게는 없다는 점을 더 아쉬워했다고 한다.

헬퍼, 스티브 윌리엄스

캐디 스티브 윌리엄스는 1963년 12월 29일 뉴질랜드 웰링턴에서 출생했다. 마라톤과 카레이싱 선수 출신인 그는 럭비가 특기였으며 다재다능한 만능스포츠맨이었다. 13세 나이에 핸디캡 2를 자랑할 만큼 장래가 촉망되는 프로 골퍼 지망생이기도 했던 그는 캐디를 하면 골프 실력 향상에 도움이 될 것이라 판단하고 캐디에 입문한다. 그러다가 1980년 당시 세계 골프를 주름잡던 호주의 백상어 그렉 노먼의 캐디가 된 그는 플레이어를 돕는 전문 캐디의 길로 들어서게 된다.

1999년 타이거 우즈가 하얀 코털로 유명한 마이크 코윈을 해고하자 골프계에서는 누가 타이거의 새 캐디가 될 것인가를 두고 사상 초유의 관심을 보였다. 골프 황제 타이거 우즈의 캐디는 'PGA 상금 랭킹 2위'라는 농담이 있을 정도로 돈과 명예를 한꺼번에 거머쥐는 자리였기 때문이다. 골프 황제가 가는 곳마다 그와 함께하며 온갖 스포트라이트를 받게 되는 주목받는 자리(실제로 스티브 윌리엄스는 후에 광고모델로까지 발탁된다.). 바로 그 자리를 위해 타이거 우즈는 마음속에 미리 점찍어둔 파트너가 있었다. 호주의 백상어 그렉 노먼에게서 가르침을 받은 조용하고 믿음직한 스티브 윌리엄스가 바로 그 주인공이었다.

타이거 우즈는 늘 캐디 스티브 윌리엄스에게 많은 공을 돌린다.

"만일 윌리엄스가 없었다면 나는 많은 시합에서 우승을 거두지 못했을 것이다. 그는 사전에 필드의 상황을 철저히 조사하여 그때그때 의견을 제시하고 최상의 샷을 할 수 있도록 여건을 조성해 준다. 기분이 상하거나 부진의 기미가 있으면 기합을 넣거나 '하이 파이브'를 통해 용기를 북돋워 준다. 또 이전 홀에서 이글이나 버디를 기록하여 약간 들뜬 기분으로 오버하는 기미가 있으면 침착하고 냉정하게 경기할 수 있도록 조정하는 노련함도 지니고 있다.

캐디는 플레이어를 성공시켜야 자신도 성공하고 돈도 벌 수 있으며, 플레이어의 승리는 철저하게 캐디의 도움을 토대로 완성된다. 상대의 승리를 통해 자신의 승리를 거두고 있는 타이거 우즈와 그의 캐디 스티브 윌리엄스.

나는 스티브 윌리엄스를 캐디로서 그리고 인간적으로 존경한다."

스티브 윌리엄스는 캐디의 본질을 이렇게 이야기한다.

"나는 그저 캐디일 뿐이다. 나는 어떤 샷도 하지 않는다. 라운드 도중 타이거 우즈가 나의 견해를 묻는 경우가 있다. 그럴 때 나는 솔직하게 나의 의견을 말한다. 듣기 좋은 소리만 하는 것이 아니라 때로는 듣기 거북한 이야기라도 솔직하게 말한다. 그러나 캐디는 플레이어가 물을 때에만 대답해야 한다."

골프 황제의 캐디라는 유명세 때문에 가끔 스티브 윌리엄스도 사인을 해 달라는 요청을 받는 경우가 있다고 한다. 그럴 때면 윌리엄스는 "말씀은 고맙지만 나는 캐디일 뿐입니다."라며 정중하게 사양한다. 보이지 않는 손의 자리에 충실하겠다는 다짐의 표현이다. 자신의 자리를 지킬 줄 알고 자신의 플레이어를 더욱 빛나게 하기 위한 그만의 아름다운 선택이다.

플레이어와 캐디, 둘 가운데 누구의 체력이 더 셀까? 연습벌레 타이거 우즈와 강철 체력 스티브 윌리엄스의 체력은 막상막하일 것 같지만, 스티브 윌리엄스는 체력과 연습에 관한 한 타이거 우즈에게 어림없다며 이렇게 말한다.

"어떤 선수는 타이거 우즈보다 연습 볼을 더 많이 때릴 것이고, 또 어떤 선수는 그보다 더 많은 아령운동을 할 것이다. 그러나 나는 주변에서 타이거 우즈보다 연습을 더 많이 하는 선수를 본 적이 없다."

남을 성공시켜야 내가 성공한다

캐디는 플레이어를 성공시켜야 자신도 성공하고 돈도 버는 철저한 공동운명체적 윈윈 시스템 속에 있다. 타이거 우즈와 스티브 윌리엄스 간의 계약 내용은 당사자들만이 아는 극비사항이지만 타이거 우즈의 전임 캐디 마이크 코윈의 계약 내용은 이렇다.

'주당(週當) 1,000달러의 기본급에 상금액의 8퍼센트를 받기로 하고 10위 이내면 9퍼센트, 우승하면 10퍼센트의 보너스를 별도로 받는다.'

2002년 발표에 의하면 스티브 윌리엄스의 연간 공식소득은 88만 달러. 41만 5천 달러로 2위를 한, 필 미켈슨의 캐디 짐 매케이의 배가 넘는 규모이며, 미 LPGA의 상금 랭킹으로 환산하면 베스트 5위 안에 드는 엄청난 금액이다. 캐디 스티브 윌리엄스의 이러한 성공은 타이거 우즈의 승리가 가장 확실한 방법이다.

타이거 우즈는 경기를 마치면 플레이를 잘했든 못했든 항상 "고맙습니다."라며 캐디인 스티브 윌리엄스에게 깍듯이 인사한다. 설사 캐디가 실수를 했더라도 모든 책임은 플레이어인 자신에게 있다는 것을 황제는 누구보다 잘 알고 있는 것이다. 그런 타이거 우즈에 대해 스티브 윌리엄스는 이렇게 말한다.

"그의 놀라운 성적은 그냥 이루어진 것이 아닙니다."

삼성의 성공, 플레이어와 캐디 시스템

삼성전자가 단기간에 글로벌 리더로 눈부신 성장을 한 배경에는 탁월한 선견력을 지닌 오너의 리더십과 이를 빈틈없이 보좌하는 참모와 스태프들의 어시스트가 있었다.

이병철 선대회장이 산업시대라는 필드에서 돌다리도 두드리며 건너는 치밀함과 합리성 그리고 능수능란한 플레이를 할 당시, 소병해 전(前) 비서실장과 비서실은 강한 추진력과 엄격한 관리로 이병철 회장을 뒷받침했다. 소병해 전 비서실장은 이병철 선대회장을 12년간 보필해 온 탁월한 헬퍼(helper)였다. 그는 강한 추진력과 엄격한 관리로 비서실의 기능을 강화하여 삼성의 인재 육성과 투명경영의 틀을 완성했다는 평가를 받고 있다. 그런 소병해 실장의 최대 임무는 이병철 회장의 대를 이어 삼성의 경영을 맡을 차기 계승자를 선정하는 일이었다. 그는 선대회장의 심중을 잘 헤아려 삼남인 이건희 회장이 후계자가 될 수 있도록 하여 무난하게 승계를 완수하였다.

이학수 부회장은 삼성의 컨트롤타워인 구조조정본부의 본부장이다. 이건희 회장이 제창한 삼성 신경영이 꽃을 피울 수 있도록 어시스트했으며, 외환위기 당시 성공적인 구조조정이 이루어질 수 있도록 철저한 실행 능력을 보여 주었다. 그는 승자독식이라는 디지털 시대에 맞추어 성과 위주의 보상과 평가 시스템을 도입하여 글로벌 리더를 위한 인재 확보에 차질이 없도록 업무를 수행하여 이건희 회장의 경영의지를 보좌하였다.

소병해 전 실장과 이학수 부회장, 그리고 구조조정본부의 김인주 사장은 모두 재무와 경리 출신으로, 숫자에 밝고 현금 흐름 파악 능력이 뛰어나며 지배구조 개선을 위해 얽히고설킨 지분관계를 제대로 풀어갈 수 있고 각종 계수를 장악할 수 있다. 삼성의 차기 후계자인 이재용 상무가 최고경영자로서 필드에 서는 순간을 위해 김인주 사장과 구조조정본부는 완벽한 준비를 하고 있을 것이다. 김인주 사장은 1990년부터 비서실에서 일하며 줄곧 재무를 담당해 왔다.

때로는 플레이어, 때로는 캐디

산업디자인에서 가장 권위 있는 상은 디자인의 아카데미로 불리는 IDEA상(International Design Excellence Award)이다. 미국산업디자이너협회(ISDA)가 주관하는 2005년 IDEA상에 삼성전자의 다기능 캠코더 미니켓(Miniket)과 초박형 17인치 노트북 PC M40, 삼성테크윈의 실물화상기 UF-80이 선정되었다. 이들 제품은 조작편리성 및 기능, 그리고 스타일 측면에서 디자인이 가장 우수한 제품으로 인정받았다.

일주일 후인 2005년 7월 2일, 삼성전자 디자인경영센터 정국현 전무는 미국의 경제주간지 〈비즈니스 위크(Business Week)〉가 매년 발표하는 아시아 스타 25인에 진대제 정보통신부장관, 양해우 한국이주노동자센터소장 등과 함께 선정되어 이름을 올렸다. 삼성전자의 디자인 업무를 총괄하는 정국현 전무는 2001년부터 삼성전자가 IDEA 등 세계적인 디자인상 19개를 휩쓰는 데 핵심역할을 한 공로를 인정받았으며, 최근 5년간 500명의 디자이너를 새로 채용했고, 기술일변도에서 탈피, 디자인을 중시하는 새로운 문화를 만드는 데 기여했다는 평가를 받았다.

삼성전자 디자인의 플레이어는 IDEA상을 수상한 디자이너들이다. 이들은 상상력과 끼와 열정과 남다른 감성으로 선을 긋고 면을 깎는다. 그렇다면 그들의 수장(首將) 정국현 전무의 역할은 디자이너들이 마음껏 끼와 열정을 발휘할 수 있도록 여건을 조성해 주고 지원해 주는 일이다. 밀어 주고 끌어 주는 커디의 역할을 수행하고 있는 것이다.

삼성전자에서 반도체를 총괄하는 황창규 사장은 반도체라는 필드에서 화려한 플레이어다. 그는 세계적인 권위를 자랑하는 미국전자협회(EIA)의 기술혁신상(The EIA Leadership in Technology & Innovation Award)을 받았다. 전 세계 하이테크 경제에 미친 리더십과 비전을 인정받아 외국인으로는 처음으로 수상하는 영예를 안았다. 그리고 2005년 봄, 하버드 대학과 버클리 대학에서 'IT시대 반도체의 역할' 이라는 주제로 특강을 할 정도로 반도체의 스타다.

화려한 스타플레이어인 그이지만 삼성전자 반도체에서 그의 역할은 캐디다. 새로운 제품을 개발하는 프로젝트 팀이 마음껏 플레이를 할 수 있도록 여건을 조성하고 어시스트해 주며 격려해 준다.

산업사회와 아날로그 시대에 라인(Line)의 관계가 보스 플레이어에 부하 캐디라는 고정적인 구도였다면, 스피드와 유연성의 디지털사회에서는 리더(Leader)와 팔로워(Follower), 플레이어와 캐디의 역할이 명확히 구분되지 않는다. 핵심인재를 영입하였으면 그가 웅대한 뜻을 펼칠 수 있도록 밀어 주고 어시스트해 주어야 성과를 내는 것이지 고정된 위계질서 속에 줄을 세운다면 창의력은 묻힐 수밖에 없다. 상대가 맘껏 플레이를 할 수 있도록 배려하고, 자신만의 멋진 샷을 날릴 수 있도록 창조적인 어시스트를 하는 최고의 캐디, 그런 캐디가 필요한 시대를 우리는 경험하고 있다.

CEO의 이색 경력, 골프 캐디

최고의 경영자로 불리는 GE의 잭 웰치 전(前) 회장, 월가의 전설적 투자자인 피터 린치, 일본의 최고 갑부 이토야마 에이타로, 이들은 모두 골프장 캐디를 경험했다는 공통점을 가지고 있다.

성공한 사람들에게서 발견할 수 있는 특성 중 하나가 있다면, 그것은 인생의 밑바닥에서부터 출발한 경우가 많다는 점이다. 현장에서 배운 그들의 소중한 경험은 모두 성공으로 가는 길에서 중대한 역할을 수행했다.

이는 골프에서도 여실히 증명된다. 골프의 전설 진 사라센, 영원한 골프 스승 하비 페닉, 불멸의 기록으로 남아 있는 한 해 11승 보유자 바이런 넬슨, 메이저대회를 모두 석권한 그랜드슬래머 밴 호건, 이들은 모두 어려운 가정환경 때문에 캐디라는 직업을 선택하였다. 골프를 통해 가난에서 벗어나겠다는 간절함으로 캐디 역할에 전력투구하였고 이 경험은 정상의 프로골퍼와 골프교습가로 올라서는 지렛대가 되었다.

잭 웰치의 골프 캐디 체험은 아홉 살 때 부친의 권고로 시작된다. 그의 자서전《끝없는 도전과 용기》에는 그때의 캐디 경험이 흥미롭게 소개되어 있다.

"캐디 일은 약간의 돈을 벌게 해 주었고 무엇보다도 게임을 배울 수 있는 기회를 주었다. 또한 어린 시절에 이미 나는 성공한 사람들을 많이 만날 수 있었다. 나이는 어렸지만 사람들이 골프를 치면서 하는 행동을 보는 것만으로도 사람이 얼마나 멋있을 수 있는지 혹은 얼마나 어리석을 수 있는지 알 수 있었다."

잭 웰치의 불같은 성격은 캐디 체험에서도 그대로 드러난다. 플레이어의 클럽을 물속에 던져 버린 것이다. 그의 자서전에 의하면 그는 이 일로 캐디장학금까지 박탈당해야 했다.

"내가 고등학교 상급반이었을 때 케른우드 클럽에서 가장 인색한 회원 중 한 명이었던 사람의 캐디를 하다가 일어난 사건이다. 나는 8년째 거기서 캐디 일을 하고 있었는데 내게는 너무나 긴 시간이었다. 우리는 6홀까지 왔고 드라이버 샷을 해야 할 티의 위치는 연못에서 100야드 정도밖에 되지 않았다. 그러나 그는 공을 높게 올려쳤고 공은 곧장 물속에 빠졌다. 공은 최소한 10피트 깊이의 진흙 연못에 떨어졌다. 그러자 그는 내게 신발과 양말을 벗고 연못으로 들어가 공을 주워 오라고 했고 나는 거부했다. 그런데도 그가 계속해서 연못에 들어가라고 강요하여, 나는 그의 클럽을 물속에 던져 버리고는 그에게 공과 클럽을 직접 꺼내오라고 대꾸하며 골프장을 빠져나왔다. 정말 어리석은 행동이었다. 하키 스틱을 얼음판에 내동댕이친 것보다 훨씬 더 나쁜 행동이었다. 그로 인해 클럽의 캐디장학금을 박탈당했고 어머니는 몹시 실망하셨다."

월가의 전설적 투자자인 피터 린치는 11살에 캐디로 나선다. 처음에는 신문배달보다 돈을 많이 번다는 것 때문에 선택했지만, 결국 성공한 CEO의 캐디 경험을 통해 출세의 지름길과 투자의 맥을 배웠다고 회고한다. 특히 그는 질레트, 피델리트 CEO의 캐디를 하면서 주식투자자로서의 꿈을 키워 갔는데, 드라이버를 날리고 페어웨이를 거니는 동안 적어도 다섯 개의 투자 정보를 알아낼 수 있었다고 한다. 피터 린치의 투자 전략은 캐디를 하면서 무르익었고, 캐디 경험은 그에게 큰돈을 벌 수 있다는 확신을 심어 주었다.

일본의 이토야마 에이타로는 20년 연속 〈포브스(Forbes)〉 선정 세계 100대 갑부에 오른 신일본관광그룹의 CEO다. 그는 현재 270홀의 골프장을 소유하고 있는데, 젊은 시절 아버지가 경영하는 골프장에서 월급 2만 엔에 숙식이 제공되는 캐디 경험을 한다. 매일 8킬로그램이 넘는 캐디백을 짊어지고 10킬로미터 이상 걸어 다닌 소중한 경험을 통해 그는 수많은 손님들과 종업원들의 생생한 목소리를 접하는 기회를 얻었다. 그는 이러한 현장의 목소리를 골프장 경영에 그대로 반영하는데, 어떻게 하면 고객들이 기분 좋은 플레이를 할 수 있고, 어떻게 하면 골프장이 이익을 낼 수 있는가를 제대로 배우는 계기가 되었다고 이 시절을 회고한다.

잭 웰치, 피터 린치, 그리고 이토야마 에이타로가 시작 단계에서 플레이어의 캐디를 경험한 것은, 플레이어마다의 성격을 파악하고 그에 따라 적절하게 대처하는 방법을 배우는 계기가 되었다. 또 진정한 리더가 갖추어야 할 덕목 가운데 하나인 섬김의 리더십이 무엇인지 깨닫는 시간이 되었으며, 골프가 가르쳐 주는 수많은 교훈들을 배우는 소중한 기회가 되었다.

캐디의 조건, 지(智), 덕(德), 체(體)

캐디는 사관후보생 또는 귀족의 시동(侍童)을 뜻하는 말로 프랑스어 카데(Cardet)가 그 어원이다. 이는 스코틀랜드 메리 여왕이 라운딩 할 때 프랑스의 귀족 소년들이 시동이 되어 여왕의 클럽을 운반한 것이 시초가 되어 생겨난 말이다.

골프규칙집에는 캐디의 역할이 나온다. "캐디란 골퍼가 플레이하는 동안 플레이어의 클럽을 운반 또는 취급하거나 본 규칙에 따라 플레이어를 원조하는 사람을 말한다." 그렇다면 캐디를 잘하기 위해서는 어떤 조건을 구비해야 할까?

첫째는 지(智). 알아야 한다. 캐디는 플레이어의 경기력과 컨디션, 그리고 심리 상태를 알아야 하고 경쟁자의 정보도 꿰뚫고 있어야 한다. 그리고 코스의 벙커나 러프, 해저드 위치, 그린의 컨디션 등을 알아야 효과적인 어드바이스를 할 수 있다.

둘째는 덕(德). 지킬 것은 지켜야 한다. 에티켓이나 매너에 벗어나는 일이 없도록 해야 하고 골프 규칙을 준수해야 한다. 플레이어가 잘하면 모든 공(公)을 플레이어에게 돌릴 수 있어야 하고, 만일 실수라도 한다면 자신의 판단착오라며 책임을 지는 자세가 필요하다. 이는 플레이어로 하여금 최고의 컨디션을 유지하게 하는 것이 캐디의 임무이기 때문이기도 하다. 단정한 옷차림과 청렴결백한 마음가짐도 캐디가 갖추어야 할 덕목이다.

셋째는 체(體). 몸도 마음도 에너지가 왕성해야 한다. 무거운 캐디백을 짊어지고 장시간 걷는 것은 물론이거니와 플레이어에게 어드바이스를 하려면 민첩하게 행동해야 하기에 체력은 필수적이다. 플레이어에게 강인한 도전의지와 지칠 줄 모르는 에너지를 주려면 피곤한 기색을 보여선 안 되며 늘 활력이 넘쳐야 한다.

7 가장 위대한 이름의 조련사, 아버지

조선의 왕세자 교육, 아버지가 없었다

"20명의 과외교사, 39명의 학습 도우미, 13명의 개인 사서. 그리고 외로움을 덜어 주기 위해 함께 공부할 아이를 뽑아 투입시켰다. 3명의 정승을 비롯한 당대 최고의 학자들에게 개인 교습을 받았다."*

조선의 왕세자가 교육을 받는 모습은 이와 같았다. 강남 최고의 과외 이상이다. 학습에 필요한 하급관리를 거느렸으며 교육에 필요한 서책을 관리하는 장서각 관리를 따로 두고 있었다. 왕세자 교육은 태어나기 전 몸을 단정히 하는 태교로부터 시작되었고, 원자 시절 《천자문》, 《동몽선습》 등 경서를 익혀야 했다.

---

* 김문식 · 김정호, 《조선의 왕세자 교육》, 김영사, 2003.

학습시간을 보면 아침식사를 하고 조강(朝講)에 들어갔으며, 낮과 저녁에는 주강(晝講)과 석강(夕講), 수시로 관리를 불러 공부하는 소대(召對), 밤중에 침실로 불러 공부하는 야대(夜對)까지, 왕세자의 공부는 멈출 틈이 없었다.

커리큘럼 또한 화려하다. 문안과 식사 등 사소한 예절에서부터 국가 전례를 익혔고 활 쏘기, 말 타기, 사냥 등 체력단련에다 누에치기, 밭 갈기 같은 '체험, 삶의 현장' 까지 완벽한 전인교육 프로그램이 준비되어 있었다.

그러나 이처럼 완벽한 프로그램과 최강의 교수진이 포진해 있었음에도 불구하고 조선의 왕세자 교육의 결과는 그리 좋지만은 않았다. 물론 청사에 길이 남을 업적을 남긴 왕들도 없지 않으나 우리가 익히 알고 있는 것처럼 포악한 왕도 있었고, 나약하고 의지가 약한 왕도 있었다.

조선의 왕세자 교육은 분명 장점이 있었지만, 어떤 면에서는 실패했다고도 볼 수 있다. 필자는 그 이유를, 어릴 적부터 지나치게 사교육에 의존했으며 누구보다도 많은 영향력을 미치고 좋은 가르침을 주어야 할 아버지의 역할이 없거나 미미하였다는 점에서 찾는다. 가르침의 전권을 과외선생님에게 떠넘겨 버린 꼴이 된 것이다. 당시 정치적인 구조가 이러한 학습법을 탄생시켰다고 볼 수도 있겠지만, 자녀 교육의 최대 책임자여야 할 아버지의 역할을 축소한 이러한 교육 방법은 근본적으로 문제가 있을 수밖에 없다.

학습은 주입이 아니라 흡수다. 엎어진 그릇에 물을 부어본들 담길 리가 없다. 받아들일 마음의 자세가 있어야 학습이 이루어진다. 공자(孔子)는 학습의 제1요소로 자발성을 꼽았다. 스스로 배우려는 의지가 없으면 많은 가르침을 주어본들 공염불이라는 것이다.

황제로 가는 길목에 아버지라는 스승이 있었다

아버지는 아들에게 이 세상에서 제일 좋은 가르침을 주려고 한다. 그리고 아들은 무한신뢰로 그것을 받아들인다. 배움과 가르침의 효과를 극대화시키는 최고의 학습구도다.

타이거 우즈와 삼성전자가 황제의 반열에 오르기까지에는 코치와 멘토링을 담당한 스승이 있었다. 바로 타이거 우즈의 아버지 얼 우즈와 삼성을 창업한 선대회장 호암 이병철이다.

아직 첫돌도 채 지나지 않은 타이거가 연습장에서 자신의 골프 스윙을 보고 흉내를 내자 아들의 골프에 대한 재능을 발견한 얼 우즈, 그리고 아들 3형제 중에서 자질과 희망을 기준으로 하여 3남 이건희를 후계자로 선정한 이병철. 이들은 사랑의 눈으로 아들의 재능을 발견하여 성장을 도왔으며 비전을 심어 주었다.

우즈 특수학교 교장선생님, 얼 우즈

타이거 우즈 아버지 얼 우즈와 어머니 쿨다다, 미국사회에서 온갖 편견과 차별을 경험한 이들은 그 아픔을 아들에게까지 대물림

할 수도 있다는 생각을 하면 가슴이 미어질 것 같았다. 특히 그들을 차별하는 백인들이 장악하고 있는 골프 세계에서는 그 정도가 훨씬 심할 수밖에 없었다. 이런 상황에서 그들이 살아남을 수 있는 유일한 방법은 탁월하게 모든 이를 능가하는 방법 외에는 없었다.

특별하고 탁월하게 뛰어난 선수를 만들자는 목표 아래 이들은 아들을 위한 특수학교를 만든다. 교장선생님은 아버지 얼 우즈, 사감선생님은 어머니 쿨디다. 아버지 얼 우즈가 골프 스윙, 체력 단련, 코스 매니지먼트, 상황별 대처요령 등 하드웨어를 가르쳤다면, 어머니 쿨디다는 정신력, 승부에 임하는 자세, 적극적 태도 등 소프트웨어를 다듬어 주었다.

얼 우즈는 캔사스 주립대학의 야구선수 출신이었고 포지션은 포수였다. 포수는 팀 수비를 리드하며 스타플레이어인 투수를 뒷받침해 주고 안방을 지켜야 하는 외로운 자리다. 삼성이 1993년 신경영의 깃발을 올렸을 때 3대 스포츠로 럭비, 야구, 골프를 선정하면서 야구의 학습요소로 든 것이 바로 말없이 숨어서 고생하면서도 표 나지 않는 포수의 희생정신이었다.

얼 우즈는 그린베레면서 뉴욕시립대학의 ROTC 교관 출신이다. 얼 우즈는 쉽게 그리고 재미나게 가르치는 인기 교관이었다. 얼마나 재미있었는지 그의 수업에는 훈련생도의 여자 친구들까지 모여들 정도였다. 어린 타이거 우즈도 아버지와 함께하는 골프 연습이 재미있어 흠뻑 빠져들었다.

군대교육의 핵심은 표준화와 단순화. 군인 출신 아버지는 FM

(Field Manual, 야전교범)대로 가르쳤고 군대의 문제 해결 방법인 SOP(Standing Operating Procedure)로 문제 해결 능력을 배양시켰다. 어린 시절 아버지와 함께한 이 학습은 습관이 되어 그대로 타이거 우즈에게 남아 있다. 타이거 우즈는 퍼팅을 할 때 '똑같은 동작'을 '똑같은 시간'에 되풀이한다.

1. 볼에 다가선다. 2. 퍼터를 볼 뒤에 댄다. 3. 얼라이먼트를 체크한다. 4. 발을 정렬한다. 5. 목표를 다시 한 번 본다. 6. 홀을 향해 스트로크를 한다. 7. 그리고 퍼팅을 한다. 이 루틴 과정에 걸리는 시간은 어김없이 18초다. 표준화와 단순화의 학습이 그대로 경기운영에 활용되는 것이다.

황제에게는 아버지라는 위대한 스승이 있었다. 타이거 우즈와 그의 아버지 얼 우즈.

아시아의 아들로 키운 어머니

지금도 타이거 우즈 몸에는 어머니에게 맞은 흉터가 남아 있다. 아버지 얼 우즈는 성장과정에서 단 한 번도 매를 들지 않았다고 한다. 그러나 어머니 쿨디다는 훈계를 할 때면 매서운 사랑의 매를 들었다. 잘못했을 때는 강하고 철저한 벌을 내림으로써 그 아픔을 통해 다시는 유사한 잘못을 반복하지 않게 하기 위함이다.

어머니 쿨디다는 아들을 거칠고 강인한 승부사로 만들었다. 지배계층인 백인들의 집단에서 살아남기 위한 방법은 그들을 이기는 것뿐이라며 살아남으려면 '승리하라'고 생존본능을 자극했다. 어머니 쿨디다는 경쟁자를 물리쳐야 살아남을 수 있는 경기에서 그들이 이기지 못하게 목줄을 죄면서 거칠고 강하게 플레이하라고 주문한다. 스포츠맨십은 승리한 뒤에 발휘하라면서 전쟁터에서는 냉혹한 전사가 되고 이기고 난 후에 신사가 되라고 한다. 어린 시절 타이거 우즈가 인종적 편견 때문에 차별을 당하고 분노와 슬픔에 젖어 있을 때에도 어머니 쿨디다는 골프의 정상에 우뚝 서는 것이, 그리고 용서하는 것이 최대의 복수라고 가르치고 위로한다.

타이거 우즈가 대회의 마지막 날 4라운드에 입는 붉은색 티셔츠는 경쟁자들에게는 공포의 대상이자 타이거에게는 승리의 컬러인데, 태국인의 피로 승부하라는 어머니의 권유에 의한 것이다. 타이거는 지금도 참선과 명상을 하는데, 사물을 좀더 깊이 인식하고 자신의 내면을 성찰하라는 어머니의 가르침에서 비롯된 것이다. 어머니 쿨디다는 이렇게 말한다.

"나는 타이거를 아시아의 아들로 키웠다."

삼성인력개발원, 교장선생님 이병철

삼성의 인재양성소인 삼성인력개발원의 으뜸자리인 원장은 공석이다. 1982년 개관한 이래 원장 자리는 늘 비어 있었다. 선대 이병철 회장으로부터 내려오는 이 전통은 인력개발원의 원장은 그룹 회장이 맡는다는 그룹 내면의 철학을 바탕으로 하고 있다. 인재육성과 사람에 대한 애정을 읽을 수 있는 대목이다.

삼성의 창업주 이병철 회장은 탁월한 경영자이면서 동시에 위대한 교육자였다. 이병철 선대회장은 자기 손으로 수표나 전표에 도장을 찍은 일이 한 번도 없다고 한다. 다만 도장을 찍고 비즈니스할 사람을 찾고 기르는 일이 자신의 일이라고 말했다.

삼성인력개발원의 교장선생님은 이병철이다. 1982년 준공된 삼성종합연수원 로비에는 다음과 같은 친필 현판이 걸려 있다.

"국가와 기업의 장래가 모두 사람에 의해 좌우된다는 것은 명백한 진리다. 이 진리를 꾸준히 실천해 온 삼성이 강력한 조직으로 인재양성에 주력하는 한 삼성은 영원할 것이며, 여기서 배출된 삼성인은 이 나라 국민의 선도자가 되어 만방의 인류 행복을 위하여 반드시 크게 공헌할 것이다."

호암 이병철에게 가장 즐거운 일은 무엇이었을까? 1982년 4월

'기업은 사람이다' 라는 믿음을 실천하고 있는 인재의 보고, 삼성전자. 신입사원 수련대회를 마친 삼성전자맨들이 미래를 향해 밝고 희망찬 날갯짓을 시작하고 있다.

2일 보스턴 대학 명예박사 학위 수여식 기념 강연을 보면 그의 마음을 읽을 수 있는 대목이 나온다.

"'삼성은 인재의 보고' 라는 말을 세간에서 자주 하는데 나에게 있어서 이 이상 즐거운 일은 없다."

"1년의 계(計)는 곡물을 심는 데 있고, 10년의 계는 나무를 심는 데 있으며, 백 년의 계는 사람을 심는 데 있다." 이 격언에 따르면, 한 기업의 성패는 사람에 달려 있으며, 우수한 인재야말로 기업의 번영을 좌우한다고 해도 과언이 아닐 것이다.

'기업은 사람이다' 라는 말은 이제 조금도 생소한 것이 아니다. 한 명이 수십만 명을 먹여 살리는 인재경영 시대를 예견이라도 한 것일까? 호암이 인재와 교육의 중요성을 언급한 1980년 7월 3일

전경련 최고경영자연수회의 강연 내용을 보자.

"기업은 사람이다. 기업은 문자 그대로 업(業)을 기획(企劃)하는 것이다. 그런데 세상의 많은 사람들은 사람이 기업을 경영한다는 이 소박한 원리를 잊고 있는 것 같다. 세상에는 돈이 돈을 번다는 말이 유포되고 있지만 돈을 버는 것은 돈이나 권력이 아니라 사람이다. 나는 내 일생을 통해서 80퍼센트는 인재를 모으고 기르고 육성시키는 데 시간을 보냈다. 삼성이 발전한 것도 유능한 인재를 많이 기용한 결과인 것이다."

지금도 인력개발원장이나 연수원장으로 발령이 나면 잠시 쉬러 간다는 한직(閑職)이나 좌천(左遷)성 분위기인 기업이 있다. CEO의 관심이 돈이 흐르는 재무나 영업에만 몰려 있기 때문이다. 단기간의 실적이 우선이기 때문에 사람을 키우고 기르는 장기적 안목의 인재육성은 우선순위에서 밀려 있다. 그러나 GE, 도요타, 마이크로소프트, 소니 등 글로벌 리딩 기업들은 인력개발원이 경영의 인큐베이터이며 인재의 요람이다. 잭 웰치가 거대한 공룡 GE를 다시 살릴 때 크론톤빌 연수원은 개혁의 플랫폼이었다.

삼성에서 인력개발원장 자리는 최고의 경영자이자 오너인 사람이 맡아야 한다는 보이지 않는 상징만으로도 인재육성에 대한 의지를 읽을 수 있다. 삼성의 창업주 이병철 회장은 우리나라 최초로 기업 채용에 공채제도를 도입하였으며 보통사람을 인재로 바꾸는 변화의 축을 교육으로 삼은 기업인재 육성의 스승이었다.

이건희의 스승, 아버지와 장인

이건희 회장이 요구하는 인재상은 T자형 인재다. 한마디로 '―'
는 다양성, '|'는 전문성이다. 자기분야의 전문성은 깊게, 다른 분
야에 대해서는 다양성의 폭을 넓게 가지라는 주문이다. 이건희 회
장은 두 스승으로부터 전문성과 다양성을 배운다.

《생각 좀 하며 세상을 보자》는 에세이집 서문에서 이건희 회장
은 그의 스승에 대해 언급한다.

"나는 지금까지 살아오면서 세상 어디서도 만나기 어려운 훌륭
한 스승을, 그것도 두 분이나 모실 수 있었던 행운아였다. 삼성 창
업자였던 선친 호암 이병철 선대회장과 법조인 출신으로 정치, 행
정, 경제에 두루 밝으셨던 유민 홍진기 전 중앙일보 회장이 바로
그분들이다. 돌이켜 보면 이 두 분께서 전수한 지혜 덕분에 지금까
지 삼성을 이끌어 올 수 있지 않았나 생각한다."

"선친은 경영 일선에 항상 나를 동반하셨고 많은 일을 내게 직
접 해 보라고 주문하셨다. 하지만 자세하게 설명해 주지는 않으셨
다. 현장에서 부딪치며 스스로 익히도록 하셨다. 이런 시간이 쌓이
면서 '경영은 이론이 아닌 실제이며 감'이라는 체험적 교훈을 배
웠다. 한편 장인은 기업 경영과 관련된 정치, 경제, 법률, 행정 등
의 지식이 어떻게 서로 작용하며, 이 지식들을 어떻게 활용할 것인
지를 문답식으로 자상하게 설명해 주셨다. 결국 나는 두 분의 가르
침을 통해 경영에 관한 문(文)과 무(武)를 동시에 배운 셈이다."

이건희 회장은 경영의 전문성은 아버지로부터, 경영을 둘러싼

여러 환경 요소인 다양성은 장인으로부터 버웠다고 하며, 아버지와 장인을 스승이라 부른다.

조련사 이병철의 핵심 학습 요소

이병철 회장에게 가장 감명 받은 책, 혹은 좌우에 두는 책이 무엇인지 물으면 《논어》를 들었다고 한다. 이병철이라는 한 인간을 형성하는 데 가장 큰 영향을 끼친 책이 바로 《논어》인 셈이다. 따라서 이병철 선대회장의 학습에 대한 사상이나 철학도 《논어》의 영향이 가장 크다고 할 수 있다.

논어의 첫 시작은 학이(學而)편이고 학이편의 첫 말씀은 '학이시습지불역열호(學而時習之不亦說乎, 배우고 때때로 익히니 기쁘지 아니하랴)'로 시작된다. 배움〔學〕과 익힘〔習〕의 '학습(學習)'이 이병철 회장의 가르침의 시작이다.

이병철 회장의 세 아들에게는 성장과정에 일정한 학습패턴이 있었다. 중·고등학교 시절 기초교육은 국내에서, 다양성은 일본에서, 그리고 경영의 전문성은 미국에서 교육을 받았다. 이건희 회장은 서울사대부고를 졸업하고 와세다 대학을 거쳐 미국의 조지 워싱턴 경영대학원에서 경제학과 매스컴학을 공부한다.

이병철 회장의 세 가지 학습법

첫째, 질문법을 활용하라는 가르침이다.

이병철 회장은 문제를 이해시키고 문제점을 공유하며 자발적인 해결책을 이끌어내는 방법으로 질문학습법을 활용하였다. '왜'를 다섯 번만 해 보면 그 답변을 통해 이해의 깊이를 파악함과 동시에 개선할 항목들을 스스로 찾게 할 수 있다는 이치에서다. 질문학습법은 답변을 통해서 이해력과 창의력부터 응용사고력까지 골고루 테스트가 가능하다. 이병철 회장은 학습을 넘어 실사구시까지 염두에 두고 질문학습법을 많이 활용하였다.

질문학습법의 효과는 컸다. 아버지로부터 학습을 받은 이건희 회장은 한술 더 뜬다. 지시를 내리기 전에 여섯 번 이상 '왜' 하고 묻는다고 한다. 왜 그 사업을, 왜 그곳에서, 왜 그 시기에, 왜 그 사람으로 하여금, 왜 그만한 돈을 들이고, 어떤 목적으로 하느냐에 대해 스스로에게 질문을 한다.*

둘째, 경청하라는 가르침이다.

1979년 2월 27일 그룹부회장으로 승진하며 명실상부한 후계자로 부상한 이건희에게 이병철 회장은 '경청(傾聽)'이라는 휘호를 내린다. 말을 잘하라가 아닌 잘 들으라는, 커뮤니케이션의 핵심을 관통한 학습주제다. 남의 말을 잘 들어야 올바른 판단이 서고 현명

---

* 홍하상, 《이건희》, 한국경제신문, 2003.

한 결정을 내릴 수 있다는 뜻에서다. "경청하라. 남의 말을 듣지 않고 자기 생각만 말하는 사람은 귀머거리나 다름없다."는 인디언의 지혜가 담긴 이 격언은 성공적인 의사소통을 위한 리더의 습관이 어떠해야 하는지를 대변해 주는 말이다.

어떻게 들어야 잘 듣는 것일까? 들을 청(聽)을 파자해 보면 그 답이 나온다. 귀 이(耳), 임금 왕(王), 열 십(十), 눈 목(目), 한 일(一), 마음 심(心). 다른 사람의 말을 듣는 귀가 왕이고 으뜸이며, 들을 때는 열 개의 눈을 움직여 하나의 마음을 주시하는 것처럼 들으라는 메시지가 담겨 있다.

셋째, 스스로를 경계하라는 가르침이다.

이병철 회장은 《장자(莊子)》 달생(達生)편에 나오는 '목계(木鷄, 나무로 만든 닭)'의 교훈을 들어 상대방이 소리를 지르고 덤벼도 나무로 만든 닭처럼 전혀 동요하지 말고 근엄한 위엄을 갖춰 어떤 싸움닭도 범접하지 못하게 하라고 이른다. 독계는 '칼은 들고 있되, 휘두르지 않고도 목적을 달성하는 것이 최선의 상책'이라는 손자병법의 '상지상(上之上)'의 교훈을 담고 있다.

8 골프정신에 담긴 무한가치를 추구하라

삼성이 함께 쓴 감동의 성공신화

외환위기 여파로 한숨과 절망이 극에 달했던 1998년 7월, 많은 국민들은 밤잠을 설쳐 가며 미 LPGA투어 메이저대회인 US여자오픈 연장전에 진출한 박세리 선수의 경기 모습을 지켜보았다. 태국의 추아시리폰과 엎치락뒤치락 혼전을 펼치며 17번 홀까지 동타를 기록한 박세리는 파4의 18번 홀에서 티샷한 볼이 연못 옆 경사면 러프에 걸렸다. 물러설 곳 없는 위기의 순간, 연못가 언덕에서 볼을 바라보던 박세리는 양말을 벗더니 연못 속으로 들어갔고, 안전하게 페어웨이로 리커버리샷을 하여 페어웨이에 안착시킨다. 결국 연장전에서도 승부를 못 낸 두 선수는 서든데스에 들어갔고 박세리는 연장 두 번째 홀에서 버디를 기록하여 대망의 메이저대회 우승컵을 가슴에 품는다.

위기를 기회로 바꾼 박세리의 투혼은 경제난에 시달리던 국민들에게 희망의 에너지가 되어 주었다. 우리도 세계시장에서 통할 수 있다는 자신감은 금액으로 환산할 수 없는 엄청난 자원이 되어 주었다. 박세리가 연못에 들어가 볼을 쳐내는 장면은 애국가의 배경화면으로까지 등장하였다. 그리고 박세리의 모자와 가슴에 붙어 있던 삼성 로고는 더불어 빛을 발했다.

1995년 삼성은 당시 유성여고에 재학 중이던 박세리와 10년 동안 계약금 8억 원에 연봉 1억 원의 계약을 체결했다. 당시 여고생 신분으로서는 파격적인 금액이었지만, 골프 유망주 박세리의 가능성을 보고 과감히 선투자를 한 것이다. 3년 뒤인 1998년 박세리가 미 LPGA투어에서 메이저대회인 US여자오픈을 포함 4승을 기록하며 신인왕까지 거머쥐자, 스포츠마케팅 관계자들은 "역시 삼성이 하면 다르다."며 탄성을 올렸다.

당시 박세리의 US여자오픈 우승을 계기로, 스폰서인 삼성이 얻어 낸 홍보 및 광고의 가치는 무려 1억 7천만 달러에 이른다고 삼성경제연구소는 추정하였다. 브랜드 인지도 향상과 구매 연결 효과, 그리고 광고 효과까지를 모두 계산한 금액이다. 단순히 계산해 보더라도 10억 투자에 2,000억 효과를 봤으니 엄청난 수익을 남긴 셈이다.

수익은 그렇다 치더라도, 삼성이 하면 역시 다르다는 말까지 나오게 만든, 무명선수를 일약 글로벌 스타로 키운 삼성의 방식은 도대체 무엇일까? 삼성은 1997년 겨울, 세계적인 골프 교습가 데이

비드 레드베터 스쿨이 있는 미국 올랜도에 박세리 캠프를 차린다. 세계 최고의 교습가로부터 배우게 하며 근본에서부터 철저히 시작하는 삼성 특유의 인재육성 방식을 그대로 적용한 것이다. 이어 콜린 칸 등 최고의 캐디를 선정하고 경기력 제고를 위한 프론트를 지원하는 등 최고의 시스템을 가동시켜 박세리가 글로벌 스타로 우뚝 서게 도왔고 미 LPGA 진출의 교두보를 확보한다.

박세리가 미 LPGA에 성공적으로 안착하자 제2의 박세리를 꿈꾸는 골프 꿈나무들의 겁 없는 도전이 이어져 2005년 현재 미 LPGA에 출전 시드권이 확보된 선수만 무려 24명이다.

박세리의 천부적 자질과 근성에 근본부터 캐고 들어가는 삼성 특유의 문제 해결 방식이 합쳐져 만들어 낸 놀라운 결과라 할 수 있다.

골프 장려 기업과 골프 금지 기업

어느 기업에서는 골프 금지령을 내렸다. 근무 태만, 과다 비용 지출, 위화감 조성 등 경영에 지장을 초래한다는 것이 이유였다. 전혀 틀린 말은 아니다. 그러나 이것은 골프의 단면만을 본 것이다.

골프가 효과적인 비즈니스를 위한 네트워크를 형성하고, 거래 고객과의 돈독한 관계 형성을 위한 거점이 된다는 점을 간과했다. 프리미엄 고객층을 대상으로 한 마케팅에 골프를 활용한다면 고수익을 창출하는 효과적인 수단이 될 수 있으며, 골프의 속성인 에티켓과 매너, 룰의 준수를 학습하게 한다면 바른직한 조직문화와 윤리경영의 토대를 구축할 수 있다. 특히 리더십을 표현하고 다양한 비즈니스 커뮤니케이션을 가능하게 하는 골프의 다면성을 고려한다면, 골프 금지령과 같은 결정은 다시 한 번 재고해 볼 필요가 있다.

삼성은 골프를 기업 경영에 적극적으로 활용한다. 골프장 운영에서부터 CEO의 리더십 배양에 이르기까지 전방위적으로 능수능란하게 활용한다. 글로벌 삼성은 골프를 어떻게 경영에 활용할까?

이해찬 총리는 2005년 5월 기자간담회에서 우리나라 공무원 중 진대제 정보통신부장관의 골프 실력이 가장 빼어날 것이라고 소개하였다. 알다시피 진대제 장관은 삼성전자 CEO 출신이다.

삼성임원들은 골프를 잘한다. '잘한다'는 말은 잘 치는 것은 물론, 골프를 통하여 비즈니스 파트너와 유대감을 형성하고 돈독한 인간관계를 구축하는 데도 탁월하다는 말이다. 필자는 삼성 신임 임원 교육과정에서 '비즈니스 골프'라는 주제로 특강을 맡았는데, 골프 에티켓과 매너는 무엇인지, 골프를 어떻게 비즈니스 도구로 활용할 수 있는지에 대해 함께 얘기를 나눌 수 있었다.

미국에서 발간하는 골프 잡지 〈골프 다이제스트〉는 2년마다 CEO의 골프 핸디캡 순위를 발표한다. 〈포천〉지 선정 500대 기업과 S&P 500대 기업의 CEO를 대상으로 누가 골프를 잘 치는가가 발표되는데, 한마디로 골프를 잘하는 CEO는 경영 성적 또한 좋게 나오는 것을 볼 수 있다. 2004년 발표한 202명의 평균 나이는 55

세, 평균 핸디캡 12.7로 기록되어 있으니 시니어 연령대로는 수준급의 골프 실력이다. 이들은 휘하에 평균 4만 388명의 조직원을 거느리고 있으며, 평균 연봉도 265만 달러로 경영 성적은 물론 수입 면에서도 월등한 차이를 보여 주었다.

골프를 잘하는 CEO가 왜 경영실적이 좋을까, 경영실적이 좋은 CEO들은 왜 골프를 잘 칠까? 그들은 경영의 필드에서나 골프의 필드에서나 이기는 방법을 알고 있기 때문이다. 그들은 경쟁을 즐길 줄 안다. 타고난 승부감과 도전의지가 경영은 물론 골프에서도 나타나는 것이다.

그들은 또한 스코어 향상을 위해 시간과 비용을 투자한다. 골프는 정직하다. 연습하지 않고 투자하지 않으면 스코어 향상은 없다. 마찬가지로 그들은 남다른 경영 성과를 위해 효과적으로 자신을 헌신하는 방법을 알고 있다.

마지막으로 그들은 골프 코치로부터 끊임없이 학습을 받는다. CEO들은 전문가의 지도를 받는 것이 독학보다 훨씬 능률적이라는 사실을 잘 안다. 그들은 뛰어난 인재를 효과적으로 활용할 줄 한다. 올바른 판단을 위해 다양한 분야의 최고전문가에게 조언을 구하며 그들을 통해 자신을 향상시키려는 노력을 게을리 하지 않는다.

기본에 충실하고 학습하고 혁신하는 것, 골프의 비결과 경영의 핵심에는 일치점이 있다.

무한추구, 창업자의 메시지

안양 베네스트 골프장 9번 홀 그린 옆에는 커다란 바위가 있다. 전반 9홀을 마치고 후반으로 가는 길목에 놓여 있어 늘 골퍼들의 시선을 사로잡는데, 이 바위에는 '무한추구(無限追球)'라는 글귀가 새겨져 있다. 이 글을 쓴 사람은 삼성의 창업주 이병철 회장이다. 이채로운 것은 無限追球의 '球'자다. 통상 '구할 구(求)'를 쓰는데 호암은 '공 구(球)'를 썼다. '무한추구'라는 글귀는 현실에 안주하지 말고 끊임없이 개선점을 찾아 변화하라는 혁신의 메시지다.

삼성전자가 글로벌 기업으로 약진한 배경에는 무한추구에 바탕을 둔 일류 지향과 장인정신이 있었다. GE의 '6시그마'가 미국을

안양 베네스트 골프장 9번 홀 그린 옆에 있는 이병철 회장이 남긴 '無限追球(무한추구)'라는 글귀. 현실에 안주하지 말고 끊임없이 개선점을 찾아 혁신하라는 메시지가 담겨 있다.

표하는 경영혁신 개념이라면, 한국에는 골프와 경영의 선각자 호암이 새겨 놓은 기념비적인 정신 '무한추구' 가 있다.

Back To the Basic

1993년 신경영의 기치 아래 '자식과 마누라만 빼고 다 바꾸라'는 변화의 화두를 던진 이건희 회장은 당시 골프의 드라이버를 예로 들며 임직원을 설득했다.

"드라이버 샷으로 180야드 나가는 사람이 코치를 받아 200야드를 날리기는 쉽다. 더 배우면 220야드도 가능하다. 그러나 250야드 이상을 보내려면 그립 잡는 법부터 스탠스 등 모든 것을 다 바꿔야 한다."

이건희 회장은 부분적인 개선이 아닌 기본으로 돌아가 처음부터 다시 시작하자는 강력한 의지를 골프를 통해 설명하였다.

삼성은 108홀의 골프장을 경영하고 있다. 안양 베네스트 18홀, 동래 베네스트 18홀, 가평 베네스트 27홀, 안성 세븐 힐스 36홀, 에버랜드 글랜로스 9홀 등 대한민국 골프장을 대표하는 명문 골프장들이다. 특히 안양 베네스트 골프장은 우리나라 골프장의 표준이다. 시설, 조경, 클럽하우스의 고객 서비스 등 골프장 경영의 'A에서 Z까지' 여타 골프장의 벤치마킹 모델이다. 골프장 경영을 위한 인재 양성도 안양 베네스트의 몫이다. 골프장의 최고경영자를 보면 안양 베네스트 출신이 압도적으로 많다.

명문 반열에 오른 여타 골프장도 삼성 일가(一家)다. 한솔 오크 밸리는 호암의 큰딸 한솔그룹 계열이다. CJ나인브릿지의 골프장은 장손인 CJ그룹, 자유CC는 막내딸 신세계그룹, 잭 니클로스가 설계한 피닉스파크 골프장은 사돈인 보광그룹 소유다. 삼성과 삼성일가는 대한민국 골프장의 수준을 책임지고 있으며, 명문 반열을 이끌어 가고 있다.

골프와 마케팅

골퍼가 되기 위한 3대 조건은 돈, 시간, 건강이다. 또한 골프는 혼자 할 수 있는 운동이 아니기 때문에 모임 등 커뮤니티가 있어야 한다. 돈과 시간, 풍부한 구매층까지, 골퍼들은 매력적인 시장이다.

골프 마케팅은 '골프를 이용하여 고객과의 상호이해를 바탕으로 다양한 채널을 통해 시장을 창조하고 고객을 유지하는 종합적 활동'이라고 할 수 있다.

삼성의 골프 마케팅은 두 가지로 분류할 수 있다. 골프의 마케팅(Marketing of Golf)과 골프를 이용하는 마케팅(Marketing with Golf)이다. 골프장 운영과 골프 패션 브랜드인 아스트라를 통해 수익을 창출하는 것이 골프의 마케팅이다. 그리고 골프를 이용하는 마케팅은 삼성의 금융 관련 계열사에서 활발하게 나타난다. 삼성

증권의 Fn Honors 클럽은 부자들의 자산관리서비스 프로그램인
데, Honor는 골프라운드에서 티샷을 먼저 하는 사람을 일컫는 말
이기도 하다. 이외에도 삼성화재의 홀인원보험, 삼성카드의 삼성
플래티늄 골프카드 등 구매력이 좋은 골퍼들을 대상으로 한 마케
팅이 활발하게 전개되고 있다.

골프 정신과 윤리경영

골프, 야구, 럭비는 삼성의 3대 스포츠다. 스포츠를 통해 단합과
친목을 도모하면서 각 종목이 갖고 있는 정신을 배우자는 것인데,
골프에서는 룰과 에티켓, 자율을, 야구에서는 스타플레이어와 캐
처의 정신을, 럭비에서는 투지를 배울 수 있다고 하였다.

1993년 신경영 교본인 '삼성인의 용어'에는 골프에 대해 다음
과 같이 언급되어 있다.

"골프는 룰과 에티켓의 스포츠이므로 이를 통해 삼성헌법을 몸
에 익힐 수 있습니다. 심판이 없는 스포츠는 골프밖에 없습니다.
이것이 자율과 직결되는 것이지요. 룰은 자기 스스로 지키는 것입
니다. 양심에 맡기는 것이죠. 그래서 골프의 첫 단계는 에티켓과
룰을 지키는 것입니다. 누가 안 보더라도, 나는 인간적으로 어떤
자세로 살아야 하는지에서 시작해서 남에게 어떻게 하는 것이 올
바른지를 보여 주는 것이 바로 골프입니다."

골프 규칙(Rule of Golf)은 에티켓, 용어의 정의, 플레이 규칙 순으로 설명된다. 플레이 규칙보다 에티켓을 먼저 해설하는 스포츠는 골프 외에는 없다. 골프는 심판 없이 진행되기 때문에 남을 우선 배려하고 자신에게 엄격해야 한다. 예의와 에티켓이 전제되지 않으면 골프라는 스포츠는 성립되지 않는다.

삼성의 비전이 '인류사회에 공헌하는 세계 초일류 기업'이라면 그 스타트 라인에 선 조직원들에게 요구하는 것이 '삼성헌법'이다. 여기에는 인간미, 도덕성 회복, 예의범절, 에티켓 등 모두가 지켜야 할 최고의 원리가 담겨 있다. 골프 규칙이 에티켓으로 시작되듯이 삼성헌법도 에티켓에서 시작된다.

이처럼 삼성의 윤리경영은 타인을 배려하고 본인에게는 엄격한 골프의 기본정신과 맥을 같이하고 있다.

골프로 인격을 테스트한다

GE에는 마스터스 대회가 열리는 오거스타 GC에서 현직 임원들과 전직 임원들이 모여 주말 골프 회동을 갖는 이벤트가 있다. 이 골프 모임은 팀워크 형성과 친목 도모라는 일반적인 목적 외에 리더급 임원들이 젊은 임원들의 인간미를 관찰하는 특별한 목적도 있다.

1977년 페어필드에 있는 본사로 부임한 잭 웰치는 임원 골프 토

너먼트에서의 우승을 계기로 단숨에 부상하여 3년 뒤 GE의 CEO
로 임명되는 쾌거를 이룬다. 잭 웰치는 후임 CEO를 선정할 때도
소집된 CEO 후보들과 어울려 골프를 치고 만찬 테이블에서 대화
를 나누며, '인격'을 확인하는 작업을 거쳤다. 현재 회장인 제프리
이멜트는 이렇게 CEO가 되었다. 골프가 CEO의 능력과 인격을 파
악하는 과정이었던 셈이다.

삼성의 후계자 이재용 상무가 상무보로 임원 발령을 받은 2001
년, 이건희 회장은 이 상무에게 과제를 준다. 삼성전자 전 임원들
과 번갈아 골프를 치면서 성격을 파악하고 특징을 꼼꼼히 챙기라
는 것. 골프 라운드를 통하여 상대의 리더십과 품위, 도덕성 등 인
격과 능력을 종합적으로 파악하라는 특별한 지시였다.

리더들은 왜 골프를 통해 인간적인 면을 파악하려고 할까? 그것
은 인격의 크기와 넓이, 깊이는 계량화할 수 없기 때문이다. 과거
실적은 계수가 있고 미래의 비전은 커뮤니케이션을 통하여 알 수
있지만, 사람의 됨됨이와 도량의 사이즈는 쉽게 검증할 수 없기 때
문에 골프 라운딩을 통하여 인격을 테스트하려는 의도다.

Best of Best, 미 LPGA 최고 중의 최고선수 20명만이 참가하는
월드챔피언십 대회의 스폰서는 삼성이다. 참가 자격은 4대 메이저
대회 우승자, 전년도 베어트로피 수상자, 유럽 · 일본 · 한국 투어
1위, 해당 연도 상금랭킹 1위, 그리고 아마추어 선수 중 주최측의
초청을 받은 자로 한정되어 있다. 그야말로 최고 중의 최고들이 모

이는 별들의 전쟁이다. 2005년 대회 초청 대상자는 메이저대회에서 우승한 아니카 소렌스탐, 김주연, 그리고 아마추어를 대표한 미셸 위 등이다.

영국의 탱크 로라 데이비스는 삼성월드챔피언십을 다섯 번째 메이저대회라 부른다. 그는 "경기 참가 자격을 얻는 것만으로도 최고의 한 해를 보냈다는 자부심이 들며, 최고의 선수들이 모인 이 대회에서 우승하면 진정한 월드챔피언이다."라면서 대회에 남다른 의미를 부여하기도 했다.

최고의 선수들이 모여 기량을 겨루는 미 LPGA투어 삼성월드챔피언십은 삼성이 추구하는 '월드 베스트' 전략과 그 맥을 같이하고 있다.

9 디자인, 승부를 결정짓는 영혼의 표현

밀라노 회의

이건희 회장은 2005년 4월 14일 명품과 디자인의 도시 이탈리아 밀라노에 삼성전자와 구조조정본부, 제일모직 등의 사장단을 집합시켰다. 디자인 전략회의를 위해서다. 디자인의 의미와 중요성을 다시 한 번 되새기고 세계시장의 최첨단 흐름을 최고경영자가 직접 보고, 느끼고, 경험하라는 이 회장 특유의 '근본부터 따져보라'는 문제해결 방식이다.

이 회장이 최고경영자인 사장단에게 요구하는 수준은 이해의 단계를 넘어 확고한 신념을 가지고 디자인 전도사가 되라는 것이었다. 그런 의미에서 그 바쁜 사장들을 밀라노로 집합시킨 것이다. 21세기 경영의 최후 승부처는 디자인이 될 것이라고까지 한 이 회장이 밀라노에서 던진 디자인 경영의 화두는 무엇일까?

0.6초의 승부

"소비자 한 사람이 상품 진열대를 돌아다니면서 30분 동안에 3만 개의 상품을 둘러본다. 소비자의 시선이 머무는 시간은 평균 0.6초다. 이처럼 짧은 시간에 고객의 발길을 잡지 못하면 마케팅 싸움에서 결코 승리할 수 없다."

혼을 집어넣어라

"벤츠나 소니는 한눈에 봐도 어디 제품인지 알 수 있다. 상품에 아이덴티티와 혼이 실린 것이다. 이제 삼성제품은 누가 봐도 한눈에 알 수 있도록 고유의 철학을 반영한 독창적인 디자인 체계를 만들어 나가야 한다."

감성의 벽을 넘어라

"월드 프리미엄 제품은 기능과 기술은 물론 감성의 벽까지도 넘어서야 한다. 삼성제품이 월드 프리미엄 상품이 되기 위해서는 차별화된 디자인과 브랜드의 경쟁력으로 감성의 벽까지 넘어서야 한다."

한 차원 더 높여라

"비용 절감, 기술 혁신을 통한 제품 경쟁력은 한계가 있다. 소비자에게 만족을 주고 세계 일류로 진입하기 위해서는 디자인 혁신이 이루어져야 한다. 삼성제품의 품격을 디자인 혁신을 통해 한 차원 더 높여라."

2005년 4월 세계적 명품과 디자인의 격전지인 이탈리아 밀라노 현지에서 디자인 전략회의를 갖고
있는 이건희 회장과 삼성 주요 사장단. 이건희 회장은 세계 디자인 명품으로 선정된 제품들과
삼성의 제품들을 비교해 보며, 삼성 아이덴티티가 담긴 디자인을 탄생시켜야 한다고 강조했다.

밀라노의 불씨가 디자인 중흥의 불꽃으로

이 회장의 영향력은 막강하다. 밀라노에서 디자인 경영의 불씨를 던지자 재계는 물론 사회전반에 디자인 중흥의 불꽃이 일어났다. 디자인 관련 도서가 불티나게 팔려 나갔고, 디자인의 개념과 혁신을 이해할 수 있는 특강이 개설되었으며, 장래에 디자이너가 되겠다는 청소년들로 디자인학원이 북새통을 이루는 현상이 생겨났다.

삼성은 밀라노의 디자인 전략회의 결과를 토대로 4대 디자인 전략을 내놓았다. 그 목표는 월드 프리미엄 브랜드로 도약하는 것.

1 고유의 철학과 혼을 반영한다.

우선 한눈에 봐도 삼성제품임을 알 수 있도록, 독창적 디자인을 이룩하고, 편리한 사용 환경을 제공하는 UI(User Interface) 체계를 구축하여 제품마다 고유의 철학과 혼을 반영한다.

2 천재급 인력 확보에 주력한다.

국적, 성별, 연령 등을 가리지 않고 디자인 트렌드를 주도할 천재급 인력의 확보와 기존 디자인의 인적 역량을 강화한다.

3 자유롭고 유연한 조직문화를 구축한다.

디자이너들의 창조성과 독창성이 존중받는 분위기와 자유롭고 유연한 조직문화를 구축하고 지원시스템을 조성한다.

4 협력업체와 함께한다.

디자인 차별화의 기본요소인 금형기술 인프라를 강화하고 협력 업체와 유기적인 관계를 구축하여 함께 명품 브랜드 육성 전략에 집중한다.

삼성의 디자인 경영 행보는 많은 국내기업들이 디자인의 중요성을 다시 돌아보는 계기가 되었다. 디자인 분야에서 '이건희 효과'가 나타난 것이다. 디자인 인력을 보강하고 디자인을 기업의 핵심 가치로 꼽게 된 것은 물론, 이 분야에 모든 역량을 결집할 것이라는 디자인 붐이 확산되었다. 디자인을 통해 고객에게 감동을 주는 것은 물론 삶의 질도 제고할 수 있다는 이건희 회장의 디자인 화두를 통해 전 사회가 새로운 가치와 비전을 발견하게 된 것이다.

삼성전자의 디자인 전략

삼성전자의 디자인 전략의 진원지는 이건희 회장이다. 일찍이 디자인의 중요성을 의식하고 1989년 일본의 후쿠다를 디자인 고문으로 영입한 이 회장이 신경영의 효시로 삼은 것도 디자인의 문제점을 지적한 〈후쿠다 보고서〉였다. 이 회장은 디자인에 대한 강한 신념을 가지고 있었다. 삼성 디자이너들의 바이블 '123메시지'. 이는 1996년 이건희 회장의 신년사 중 디자인 부분을 인용한 것이다.

"다가올 21세기는 문화의 시대이자 지적 자산이 기업의 가치를 결정짓는 시대입니다. 기업도 단순히 제품을 파는 시대를 지나 기업의 철학과 문화를 팔아야만 하는 시대라는 뜻입니다. 디자인과 같은 소프트한 창의력이 기업의 소중한 자산이자 21세기 기업경영의 최후 승부처가 될 것이라고 확신합니다."

삼성전자는 디자인 전략으로 디자인 클러스터를 조성하여 경쟁력을 강화하고 있으며, 디자인 인재 공급처인 SADI(Samsung Art Design Institute)를 운영하고 있다. 한데 모아 시너지 효과를 높이라는 복합화와 인재 육성이라는 이건희 회장의 철학이 디자인 전략에도 반영된 것이다.

서소문 중앙일보 사옥 7개 층에 있는 디자인 경영센터에는 500여 명의 디자이너가 모여 있다. 미국의 LA와 샌프란시스코, 이탈리아의 밀라노, 영국의 런던, 일본의 도쿄, 중국의 상하이 등에는 디자인연구소가 있어 "생각은 글로벌하게, 행동은 현지에 맞게(Think Globally, Act Locally)"를 추구하고 있다.

디자인 분야는 상품의 기획단계에서부터 자기 목소리를 낸다. 통상 기술쪽에서 상품을 기획하면 디자인쪽에서 마무리하는 형식과 근본적으로 다르다. 디자인센터에서 그림을 먼저 그려 내면 기술쪽에서 개발에 들어가는 형식으로 일을 한다.

디자인 분야의 내부경쟁도 치열하다. 휴대전화 애니콜의 경우

연간 200개의 모델을 디자인하는데, 이중 3퍼센트만이 상품화되어 출시된다고 하니 상품으로 채택되기가 하늘의 별따기다.

SADI는 1995년 설립한 디자인 전문학교다. 일본의 디자이너 후쿠다 고문이 이건희 회장에게 제시한 베네통의 파브리카(Fabrica)를 벤치마킹하여 설립한 것이다. 파브리카는 베네통의 디자인 R&D센터로 시대의 '콘셉트'를 잡는 곳이다. 전 세계에서 대상자를 엄선해서 기숙사, 장학금 등 특별대우를 해 주며 실험적 시도를 장려한다. 단, 25세 이상이면 입학할 수 없다고 한다. 생각이 경직되면 창조적인 일을 할 수 없기 때문에 선입견이나 편견에 물들어 있지 않고 기성세대에 비해 열린 사고를 하는 연령대로 제한하는 것이다. 파브리카는 아이디어가 극단적이거나 실현 불가능한 것을 내놓기도 하지만 베네통은 이를 이단시하기보다 오히려 엉뚱하고 비상식적인 이런 생각들을 적극적으로 수용한다.

Design or Resign

"디자인(Design)할 것인가, 아니면 사표(Resign)를 낼 것인가?"

영국의 대처 전 수상이 디자인에 대해 한 말이다. 해가 지지 않는 땅 영국이 산업사회를 지나면서 쇠락의 기미를 보였고, 새롭게 전개되는 디지털 시대에 주목 받지 못하게 되자 국가경쟁력을 디자인에서 찾겠다며 외친 말이다.

디자인은 경영에서만 그 의미와 중요성이 강조되는 것이 아니다. 일상의 모든 것들이 디자인과 관련이 있다. 어떻게 공부를 할 것인가 하는 학생의 고민도 학습 프로그램을 디자인해 보면 방법이 나온다. 저녁 식탁을 고민하는 주부도 메뉴에 디자인 개념을 도입하면 신선한 변화와 자극을 줄 수 있고 감칠맛 나는 식탁을 연출할 수 있다. 어떻게 시장을 공략할 것인가 하는 마케팅도 소비자의 콘셉트 속으로 들어가 그들의 욕망을 디자인해 보면 어떤 상품과 서비스를 제공할 것인가가 분명하게 파악된다.

디자인은 오래전부터 우리의 선택을 지배하였다. 보기 좋은 떡이 먹기도 좋다, 이왕이면 다홍치마라는 동가홍상(同價紅裳)의 메시지도, 'Look & Feel', 즉 보기 좋아야 하고 느낌을 주어야 한다는 디자인의 핵심을 고스란히 드러내는 표현이다. 바로 감성의 벽을 돌파하라는 의미다.

어떻게 디자인 마인드를 확산시킬 것인가

경영 컨설턴트인 톰 피터스는 《미래를 경영하라!》라는 최근 저서에서 '회사를 디자인 중심기업으로 만들고 싶은데 어떻게 하면 좋을까?'에 대한 해결책으로 17가지 습관을 제시하였다. 이 내용은 기업뿐만 아니라 개인에게도 디자인에 대한 새로운 마인드를 제시해 준다.

1 디자인 자체를 모든 부서 모임의 의사일정에 포함시킨다.

2 모든 프로젝트팀에 전문 디자이너를 배속시킨다.

3 상품과 서비스, 경험에만 디자인 감각을 발휘할 게 아니라 건물도 멋지고 화려하게 만든다.

4 직원과 일반인을 대상으로 디자인에 초점을 맞춘 아카데미상 프로그램을 실시한다. 별것 아닌 것처럼 보여도 상당히 중요하다.

5 기업의 디자인 활동에 대한 외부 인지도를 평가한다.

6 다양성을 최우선으로 삼는다. 뛰어난 디자인이 탄생하려면 무엇보다 사내외 공동체들의 다양하고도 미묘한 목소리에 귀기울여야 한다.

7 모든 교육코스와 평가기준에 디자인 감각을 포함시킨다. 기대한 만큼 이루어진다는 말이 있다. 디자인에 대한 기대치를 높여야 뛰어난 디자인이 탄생한다.

8 디자인과 관련된 감성적인 언어를 공공연하게 사용한다. 애플의 창립자 스티브 잡스는 "미칠 정도로 멋진 물건"이라는 말을 사용했다. 미칠 정도로 멋진 물건이라, 정말 멋진 말이지 않은가? 디자인 마니아들은 감각적인 언어를 사용하고 그것에 익숙하다. 그렇지 않은 사람은 디자인 마니아라고 볼 수 없다.

9 부서 내부뿐 아니라 사업파트너나 소비자와 거래할 때 형편없는 디자인 흔적을 완전히 제거할 '디자인 경찰(맞아, 경찰!)'을 둔다.

10 기업의 디자인 감수성을 관장하기 위해 내부인과 외부인을

모두 포함하는 공식 이사회를 구성한다.

11 디자인 중심의 기업문화에 관해 공공연히 이야기하고 체계적으로 조성한다.

12 기업의 공개토론회에 최고의 디자이너를 연사로 초빙한다. 디자인에 대한 뜨거운 열기를 계속 유지하기 위해서다.

13 회사의 벽에 멋진 예술작품을 전시한다. 샤이엇데이(Chiat/Day)의 창립자 고(故) 제이 샤이엇(Jay Chiat)은 주위에 위대한 예술이 있으면 위대한 광고가 탄생한다고 믿었다. 아멘. 위대한 예술이 위대한 물류 서비스도 탄생시킬 수 있다고 생각하지 않는가?

14 예술 활동을 지원한다. 디자인 중심 기업은 디자인을 강조하는 공동체 활동에 깊은 관심을 보인다.

15 강력한 '디자인 부서'를 만든다. 조직도의 상층부에 디자인 부서가 등장한다.

16 수석 디자이너가 이사회, 아니면 최소한 경영위원회에 속해 있게 한다.

17 1년이나 2년마다 '디자인 감사'를 실시하고 결과를 연간 보고서나 임시 연간 디자인 보고서에 공시한다.

그는 승리라는 욕망을 디자인한다

2002년 마스터스 대회에서 3라운드까지 11언더파의 기록으로 마지막 날 챔피언조에서 경기를 치른 레티프 쿠센은 경기를 마친 후 기자들에게 이렇게 말한다.

"드라이브 거리가 30야드나 뒤지는 상황에서 우즈와 코스를 똑같이 공략할 수는 없는 것 아닌가? 향후 몇 년 간은 우즈의 세상이 될 것이다."

1994년 아마추어 자격으로 마스터스에 참가한 타이거 우즈는 영국의 닉 팔도와 연습 라운드를 했다. 파5, 500야드의 15번 홀에서 드라이버에 이어 9번 아이언으로 투온이 된 타이거 우즈는 짧은 퍼팅으로 이글을 잡았다. 닉 팔도는 라운드 소감을 이렇게 말한다.

"그 친구는 볼을 굉장히 멀리 날립니다. 놀라울 정도로 어깨 회전이 빨라요. 정말 대단한 재능을 가진 선수입니다."

황금의 빅 3인 게리 플레이어는 타이거 우즈의 첫인상을 이렇게 전한다.

"한번 보기만 해도 무언가 다르다는 느낌을 주는 선수들이 있습니다. 잭 니클로스, 아놀드 파머, 벤 호건, 샘 스니드, 리 트레비노 같은 선수들을 처음 보았을 때, 저는 그들이 제각기 무언가가 특별하다는 것을 알 수 있었습니다. 오늘 타이거가 스윙하는 걸 본 순간에도 저는 그걸 느꼈습니다. 뭐라고 딱 부러지게 설명할 수는 없습니다. 클럽을 잡는 방식이라든가 볼 앞에 가서 서는 자세라든가

하는 것일 수도 있겠죠. 민첩성이랄까, 스피드랄까, 하여간 그건 대단한 실력자만이 가질 수 있는 것이었습니다."

타이거 우즈와 경기를 치른 프로들의 이야기는 한결같다. 우리와 다른 경기를 한다는 것이다. 코스라는 캔버스에 그림을 그린다면 타이거의 코스 공략 루트나 볼을 놓는 포인트 지점은 그 구도가 전혀 다르다. 바로 디자인 능력이다. 놀라운 비거리와 정확한 방향성으로 타이거 우즈는 고정관념의 구도를 깨고 마음껏 상상력의 라운드를 펼친다. 여기에 타고난 승부사의 자질, 집중력과 인내력이 더해져 전혀 다르게 디자인이 완성되어 가면서 완전히 다른 결과물이 탄생하는 것이다.

2005년 마지막 메이저대회인 PGA챔피언십 1라운드에서 타이거 우즈는 5오버파, 75타를 기록하여 113위를 기록한다. 1라운드 5오버파는 자신의 메이저대회 중 최악의 기록이었다. 천하의 타이거 우즈에게 이런 망신이 어디 있겠는가? 그러나 타이거 우즈의 디자인 능력은 여기에서 돋보인다. 꼴찌에서 정상까지 다음 단계의 목표를 디자인하며 앞으로 나아간다.

2라운드, 컷 오프만 당하지 말자. 144타 62위로 컷 오프를 간신히 면하였다. 3라운드, 도약의 계기를 만들자. 골프의 3라운드는 '무빙 데이(Moving Day)' 다. 66타를 기록하여 20위로 수직상승하였다. 4라운드, 선두권으로 치고 올라가자. 68타를 기록하여 공동 4위 선두권까지 진입하였다. 골프팬들이 타이거 우즈에게 열광하

골프는 코스를 설계한 코스 디자이너와 플레이어 간의 치열한 머리싸움이다. 타이거 우즈의 탁월함은 홀을 공략함에 있어 코스를 자유자재로 디자인하는 창의성에 있다. 자신만의 홀 공략 전략을 디자인한 뒤 힘찬 스윙을 하는 타이거 우즈.

는 이유가 이런 데 있다. 그는 골프 황제라는 이름에 걸맞게 성과를 창출하고 탁월한 디자인 능력으로 남다른 선물을 만들어낸다.

디자이너와 플레이어 간의 머리싸움

골프는 코스를 설계한 코스 디자이너와 플레이어 간의 치열한 머리싸움이다. 보기(Bogey)를 목표로 하는 골퍼에게는 안전하게 갈 수 있는 길을 제공하는 것이 골프장 설계의 원칙이다. 그러나 버디(Birdy)나 파(Par)에 도전하는 골퍼에게는 응징과 시련이 따르는 테스트를 거치게 한다는 것 또한 그들의 설계원칙이다. 티잉 그라운드에서 그린으로 가는 '스루 더 그린(Through the green)'에 모래웅덩이 벙커가 있고 개울이나 연못의 워터 해저드(Water Hazard)가 있는 이유는 그린 공략을 어렵게 하기 위해서다. 또 탁 트인 잔디밭 한가운데 나무가 우뚝 서 있는 이유도 목표인 그린을 가리기 위함이다.

마스터스가 열리는 오거스타 골프장은 매년 10월 말이면 골프장 운영을 중단하고 이듬해 4월까지 대대적인 코스 이노베이션에 들어간다. 프로들에게 난관과 시련을 주기 의해 거리를 늘리고 장애물을 설치하고 그린의 배수나 온도를 조절하여 설사 비가 오더라도 그린에서 볼이 거울 위를 지나는 것처럼 어렵게 코스를 세팅한다.

US오픈 주최 측인 미국골프협회는 '러프는 거칠게, 그린은 빠르게'를 모토로 코스를 어렵게 세팅하여 프로들에게서 지옥의 라운드라는 볼멘소리를 듣는다. 2005년 US오픈의 챔피언인 뉴질랜드의 마이크 캠벨조차 나흘간 이븐파를 기록했을 정도이니, 언더파는 꿈도 꾸지 못할 스코어다. 챔피언이 되려면 이렇게 가혹한 코스 디자이너의 테스트를 통과하여야 한다.

골퍼들은 홀을 공략하기에 앞서 어떻게 그린에 이를 것인가 하는 전략을 세운다. 바람, 날씨 등 외부환경을 파악하고 장애물은 어디에 있는지를 확인한 뒤 티샷의 포인트를 설정한다. 이것이 코스 매니지먼트인데, 타이거 우즈의 탁월함은 이 단계에서부터 드러난다. 그는 코스를 자유자재로 디자인하는 창의적인 골퍼의 전형을 보여준다.

타이거 우즈의 디자인 방법

첫째, 코스를 읽고 코스를 디자인한다.

"자신의 게임과 코스를 어떻게 관리하고 있는가 하는 점이 뛰어난 선수와 난조에 빠진 선수의 차이를 만든다."

타이거 우즈는 2002년 〈골프 다이제스트〉 7월호의 타이거 팁스(Tiger Tips)라는 코너에서 디자인 능력을 탁월함의 조건으로 들었다. 코스를 읽는다는 것은 공략할 홀의 거리, 그린을 향한 방향, 그라운드의 굴곡, 벙커, 해저드, 난이도 등 수십 가지의 미묘한 요소들을 관찰하고 분석하는 일이다. 그는 이 모든 것을 짧은 순간에 읽고 자신만의 방법으로 공략 루트를 디자인한다.

둘째, 역발상과 입체적 사고를 한다.

티잉 그라운드에서 그린을 바라보고 공략 루트를 설정하는 것이 일반적인 방법이라면, 타이거 우즈는 그린에서 거꾸로 티샷 지점을 설정하는 역발상으로 자신의 루트를 디자인한다. 골프는 목표인 홀에 볼을 적은 타수로 집어넣는 게임이다. 티잉 그라운드에서 그린을 보면 외통수만 보이지만, 그린에서 거꾸로 계획을 세우면 다양한 공략 루트를 발견할 수 있다. 코스 설계가의 의도를 뛰어넘는 역발상과 입체적 사고로 그는 승리를 디자인한다.

셋째, 장애물은 뛰어넘거나 피한다.

2000년 브리티시 오픈이 열린 세인트앤드루스 올드(Old) 코스에는 벙커가 112개 있었다. 항아리 벙커라 불리는 이 벙커에 볼이 들어가면 위험부담이 컸다. 타이거 우즈는 4라운드 동안 만난 448개의 벙커에 단 한 번도 볼이 들어가지 않게 하였다. 사전에 철저히 답사를 하여 장애물인 벙커를 피하는 쪽으로 디자인한 것이다. 타이거 우즈는 폭발적인 장타로 장애물을 뛰어넘거나, 아니면 볼을 좌우로 치는 방법으로 위기를 돌파한다.

넷째, 선택하고 집중한다.

앞에 커다란 나무가 놓여 있다. 이 장애물을 넘는 데에는 한 타를 버리고 레이업으로 돌아가거나, 나무 사이로 스팅어 샷을 날리거나, 높은 포물선을 그리는 칩샷을 하는 등의 다양한 방법을 쓸 수 있다. 타이거 우즈는 이처럼 난관을 만나면 유연한 태도로 다양한 경우의 수를 놓고 최적의 방법을 선택하여 집중한다. 여러 방안 중에서 다양한 가능성을 디자인해 보고 그 가운데 가장 이상적인 대안을 찾아내는 것이다.

"사람들은 디자인을 겉포장쯤으로 생각한다. 하지만 이는 디자인의 진정한 의미와 거리가 멀다. 디자인은 인간이 만든 창조물의 중심에 있는 영혼이다." 애플의 CEO 스티브 잡스의 말이다.

10 스피드, 빠른 자가 지배한다

다음 질문에 대한 정답은 무엇일까?

- 잭 웰치가 GE에서 은퇴할 때 가장 후회했던 점
- 인텔의 가장 확실하고 강력한 무기
- 빌 게이츠가 말한 "21세기는 이것의 시대가 될 것이다."
- 칭기즈칸의 "사람 수는 늘릴 수 없지만 이것은 늘릴 수 있다."
- 이건희 회장이 말한 삼성전자 반도체의 '업의 본질'
- 브리티시 오픈에서 드라이버 341.5야드를 날린 타이거 우즈 의 장타 비결

정답은 스피드(Speed), 속도다.

- 잭 웰치는 그의 자서전에서 GE에서 은퇴할 때 가장 후회되 는 점으로 '스피드'를 들었다. '좀더 신속하게 행동했으면 좋 았을 것'이라며 빠른 의사결정 부분이 미흡했음을 못내 아쉬

워했다. 그나마 인재, 설비, 투자 등의 문제에 대해 과감하게 결정을 내리고 행동에 옮길 수 있었던 것도 GE의 거대한 관료주의에서 빠져나왔기 때문에 가능했던 일이라고 회고한다.

● 인텔의 CEO 앤드류 그로브 회장은 인텔이 보유한 가장 확실하고 강력한 무기로 빠른 의사결정과 신속한 실행을 들었다. 인텔은 경쟁사보다 먼저 차세대 제품을 개발하고 스스로 세대교체를 함으로써 시장을 독점한다. 18개월마다 메모리 용량은 배로 늘어나지만 가격은 그대로인 '무어의 법칙' 이라는 게임의 룰을 만들어 표준시장을 선점함으로써 시장을 독점하고 막대한 이익을 실현한다.

● 마이크로소프트의 빌 게이츠는 그의 저서《생각의 속도》에서 "1980년대는 품질이 경영의 화두였고 1990년대는 리엔지니어링이 화두였다면 21세기의 화두는 속도가 될 것이다."라고 말하면서 비즈니스의 본질이 매우 빠른 속도로 바뀔 것이고 비즈니스 처리 속도 또한 빨라질 것이기 때문에 스피드가 지배하는 세상이 될 것이라고 말했다.

● 150만 몽골의 CEO 칭기즈칸이 세계의 중심 유럽을 공략하기에 앞서 기마병들에게 연설을 하였다. "사람 수는 늘릴 수 없지만 속도는 빨리 할 수 있다." 그는 이렇게 말하며 병력의 취약함을 스피드로 돌파하자는 속도 전략을 설파한다. 스피드로 무장한 몽골군 기마병에게는 거칠 것이 없었다. 많은 병사를 거느린 자가 이기는 싸움이 아니었다. 빠른 자가 느린

자를 제압하였다.

● 삼성의 이건희 회장은 시계(時計)는 패션, 반도체는 시간산업
이라고 맥을 짚었다. 업의 본질을 말한 것이다. 절묘한 터치
다. 시계를 시각(時刻)사업으로 보면 시간이 정확히 잘 맞는
시계 하나만 팔면 당분간 그 시계가 망가질 때까지는 성과기
회를 발견하지 못하는 반면, 패션으로 업(業)을 업(Up)하면
계절 시계, 요일 시계, 레포츠 시계, 정장 시계, 캐주얼 시계
등 무궁무진한 기회를 발견할 수 있다. 이건희 회장은 또 반
도체는 타이밍 산업이라고 본질을 말하였다. 제품 개발 속도
가 경쟁사에 비해 조금만 늦어지면 경쟁사에게 시장을 다 빼
앗긴다는 것이다. 앞선 기술개발이 승부의 관건이고 속도는
생존을 위한 핵심요소라는 말이다.

● 타이거 우즈는 2005년 7월, 제134회 브리티시 오픈에서 드라
이버 평균 341.5야드를 날려 골프 관계자들과 갤러리들을 경
악하게 만들었다. 대회가 열린 스코틀랜드 세인트 앤드루스 올
드 코스는 해안가의 링크스 코스다. 거친 러프와 도처에 입을
벌리고 있는 벙커를 어떻게 돌파하느냐가 우승의 관건인데 타
이거 우즈가 날린 공포의 드라이버는 항아리 벙커를 간단하게
뛰어넘어 버렸다. 드라이버 샷은 덩치가 크다고 멀리 나가는
것도 아니고 힘이 좋다고 멀리 나가는 것도 아니다. 볼과 클럽
이 만나는 임팩트 존에서의 스피드가 거리를 결정한다. 타이거
우즈의 경쟁력인 드라이버 장타의 비결은 스피드에 있다.

스피드의 지배

시간과 공간을 초월한 황제들의 스피드에 대한 생각을 살펴보았다. 그들은 모두 속도가 경쟁력이며 생존의 전략이라고 했다. 이제 속도는 단순히 빠르기만을 의미하지 않는다. 속도는 권력이며 전략이다. 강한 것이 약한 것을 잡아먹는 것이 아니라 빠른 것이 느린 것을 잡아먹는다.

1980년대부터 1990년대까지 광학산업의 한 중심에는 폴라로이드라는 즉석카메라가 있었다. 사진을 찍고 나서 잠시만 기다리면 그 자리에서 사진을 볼 수 있어서 고객들의 시선을 사로잡았다. 그러나 지금 폴라로이드는 사라졌다. 회사는 파산 선고되었고 상장이 폐지되었다. 그 이유에는 여러 가지가 있지만, 가장 큰 원인은 디지털 카메라보다 속도에서 뒤지기 때문이다. 폴라로이드가 필름이 내장된 카메라와 경쟁할 때는 속도에서 앞섰기 때문에 생존할 수 있었지만, 디지털 카메라의 빠르고 다재다능한 기능 앞에서는 속수무책이 될 수밖에 없었다.

자동차 업계에서 GM이나 포드의 부진은 도요타나 혼다, 현대보다 규모가 작기 때문이 아니다. 느슨한 구조조정, 시장에 대한 여유와 포만감, 관료주의 같은 느린 행보가 원인이다. 빠른 의사결정과 실행력으로 무장한 경쟁사들에 비해 품질, 디자인, 서비스 등에서 뒤처지기 시작한 그들은 속도를 높이기 위한 특별한 대책을 강구하지 못한다면 앞으로 더 큰 희생을 치르게 될 것이다.

요즘 재래시장과 슈퍼마켓은 경영이 어렵다고 아우성이다. 대형
마트가 속속 들어서면서 가격에 밀리고 상품구색에 밀리고 판촉에
밀린다는 것이다. 그런데 편의점은 성장하고 있다. 2000년대 들어
편의점의 1년 내 폐점율은 2.9퍼센트에 그쳐, 20퍼센트 가량이 1년
을 버티지 못하고 폐업하고 있는 동네 슈퍼마켓이나 식당 등 타 자
영업보다 폐점율이 7배나 낮은 것으로 조사됐다. 또 2004년 국내
의 주요 편의점 업체들은 1,588개의 점포를 새로 오픈하여 2003년
보다 14.5퍼센트 정도 점포수가 늘어났다. 2005년에도 편의점 수
는 1,050여 개가 늘어나 전년 대비 12.8퍼센트 증가하고 업계의 총
매출액도 10퍼센트 이상 성장한 4조 6,000억 원 규모가 될 것으로
전망되었다.

편의점의 가격에는 에누리가 없다. 입지 또한 코너 사거리, 지하
철 입구 등 여간 비싼 자리가 아니다. 그런데도 그들이 생존하는
이유는 바로 고객의 신속한 접근을 가능하게 하는 스피드를 팔기
때문이다.

2004년 연간 매출액을 보면 롯데백화점 본점과 GS홈쇼핑, 그리
고 옥션의 매출액이 대략 엇비슷하다. 모두 1조 2천억 원 내외다.
기가 막히지 않은가. 롯데백화점 본점의 연건평은 1만 5천 평. 그
것도 우리나라에서 공시지가(公示地價)가 제일 비싼 명동에 있다.
GS홈쇼핑은 영등포구 문래동 이면도로에 있고 스튜디오 500평에
서 상품을 권유하고 거래가 이루어진다. 옥션은 매장이 한 평도 없
다. 모두 온라인에서 거래가 형성된다. 물건을 파는 사람도 사는

사람도 속전속결의 속도전 전사다. 규모의 경제에서 접속의 경제로, 유비쿼터스의 새로운 세상이 우리에게 성큼 다가오고 있음을 보여주는 사례다.

이제 경영학 원론도 다시 써야 할지 모른다. 토지, 자금, 사람을 경영의 3대 요소라고 하는데 토지가 없어도 되고, 자금이 없어도 된다. 제대로 된 '사람' 하나면 경영의 요소는 모두 구비된 셈이라 할 수도 있다. 변화의 속도를 선도할 수 있고 디지털 세상의 무한 공간에 시장을 창조할 수 있는 능력을 갖춘 인재 하나만 있으면 새롭고 엄청난 수익을 창출할 수 있다.

빠른 자가 느린 자를 제압하는 골프

고교 동창 골프 모임에 가면 "그대 앞에만 서면 나는 왜 작아지는가"라며 노래를 부르는 친구가 있다. 몸무게 90킬로그램이 넘는 헤비급 친구가 60킬로그램의 라이트급 친구보다 드라이버 거리가 짧기 때문에 나온 푸념이다. 골프에서 드라이버 거리에 대한 욕망은 원초적이다. 거리가 많이 나오는 사람은 그린을 공략하는 세컨드 샷 지점이 유리할 수밖에 없다. 이처럼 중요한 드라이버는 몸이 크다고, 그리고 힘이 세다고 해서 멀리 나가는 것이 아니다. 비거리를 결정하는 것은 임팩트 존에서의 클럽헤드 스피드다.

골프는 거리와 방향의 게임이다. 거리는 멀리 나갈수록 좋고 방향은 목표로 하는 지점에 정확하게 안착하여야 한다. 골퍼들의 꿈은 '멀리, 그리고 정확하게' 인데, 이를 지배하는 것이 있다면 클럽헤드의 스피드다.

하이 핸디캡(High Handicap) 골퍼들은 스피드를 잘못 이해하여 혼선을 일으킨다. 빨리 백스윙을 하고 빨리 다운스윙을 하는 것이 스피드라고 오해하기 때문이다. 이는 오히려 클럽헤드의 스피드를 가로막는다.

스피드를 내지 못하는 골퍼들의 공통점은 클럽을 잡은 손, 그립에 너무 힘이 들어가거나, 백스윙이 지나치게 빠르거나, 스윙 도중에 중심이 무너지거나, 스윙을 하는 것이 아니라 볼을 히팅(Hitting)하기 때문에 피니시(Finish), 즉 마무리를 소홀히 하는 데에 있다.

스피드를 내기 위해서는 어떻게 해야 할까? 문제점이 곧 해결의 포인트다.

첫째, 그립을 부드럽게 해야 한다. 망치질의 교훈을 연상해 보면 된다. 망치를 잡은 손에 힘이 들어가면 힘도 실리지 않고 방향도 부정확하다. 클럽을 잡은 그립이 부드러워야 백스윙은 물론 피니시도 자연스럽게 팔로 스루(follow through)된다. 마무리 동작이 잘 나온다는 얘기다. 그립은 몸과 클럽이 만나는 접점이다. 부드러워야 한다.

둘째, 백스윙이 빠르면 다운스윙에 힘이 실리지 않는다. 골프 스윙은 꼬임과 펼침의 동작이다. 꼬임이 없으면 펼침도 없다. 천천히 백스윙을 해야 다운스윙에 바람을 가르는 소리가 난다. 스피드의 표현인 이 소리가 놀라운 거리를 만든다.

셋째, 하체가 리드하는 스윙이다. 골프 전문서적이나 코치들이 한결같이 주문하는 것이 있다. '백스윙은 상체(上體)로, 다운스윙은 하체(下體)가 리드하게 하라!' 가 그것이다. 무릎으로 견고한 축(軸)을 세우고 하체가 리드하는 중심이 잡힌 스윙은 스피드를 가속시킨다.

넷째, 피니시를 제대로 하는 것이다. 임팩트 존을 지난 클럽을 피니시해 주어야 가속도가 붙는다. 운전에 비유하면 볼을 가격하고 나서 도중에 스윙을 멈추는 것은 브레이크를 밟는 것과 같다. 피니시는 액셀러레이터를 밟아 주는 것이다. 피니시의 차이는 볼을 치는 지점에서는 잘 모른다. 그러나 페어웨이에 나가 보면 브레이크와 액셀러레이터의 놀라운 차이를 확인할 수 있다.

프로들이 권하는, 스피드를 높일 수 있는 연습방법을 보자. 골프의 전설 진 사라센은 목수의 아들이다. 그는 클럽헤드의 스피드를 증대시키는 방법으로 망치질을 권유한다. '찰싹' 하며 공을 치는 느낌과 그립의 탄력을 배울 수 있다고 한다. 골프 교습가 필 리츤은 야구배트로 스윙 연습을 하라고 권유한다. 야구배트를 들고 바람을 가르는 소리가 날 정도로 하루에 50번씩만 스윙하면 놀라울 정도로 비거리가 늘어난다고 한다.

스피드 문제를 해결하는 방법을 보면 그 어느 곳에도 직접적으로 스피드를 언급하는 부분이 없다. 그립을 부드럽게, 백스윙을 천

천히, 피니시를 끝까지. 여기에 스피드의 핵심이 담겨 있는 것이다. 스피드를 얻는 과정은 대충대충, 빨리빨리, 허겁지겁이 아니다. 오히려 기본에 충실하고 과정에 철저를 기하는 것이, 결정적일 때 그리고 필요한 대목에서 스피드를 낼 수 있게 한다.

타이거 우즈의 스피드 향상법

타이거 우즈의 클럽헤드 속도는 시속 135마일, 200킬로미터의 스피드 스윙으로 폭발적인 샷을 한다. 빨랫줄 같은 드라이버는 보는 사람들의 속을 시원하게 해 준다. 타이거 우즈의 경쟁력, 스피드는 어디에서 나올까?

신체적 조건

타이거 우즈는 스피드를 낼 수 있는 시스템과 프로세스를 갖추고 있다. 187센티미터의 키와 80킬로그램의 체중은 골프에서 요구하는 최적의 신체조건이다. 큰 키는 큰 원(圓)을 그릴 수 있고 적당한 몸무게가 얹어 주는 탄력은 폭발적 에너지를 발산한다. 아프리카 흑인 특유의 유연성은 탄력 있는 허리를, 아메리카 인디언의 강인함은 튼튼한 어깨와 허벅지 근육을 만들었으며, 아시아인 어머니를 닮은 손은 섬세한 손동작을 가능하게 했다. 그리고 이 여러 조건들은 서로 조화를 이루어 임팩트 순간 빠른 스피드를 만들어 낸다.

강점이 강점으로, 약점도 강점으로

타이거 우즈는 4살에 사이프러스 골프클럽에서 9홀 48타의 기록으로 골프에 데뷔하였다. 어린 타이거 우즈에게 있어 최대 약점은 드라이버 샷이었고 강점은 거리의 약점을 보완해 줄 수 있는 어프로치샷과 퍼팅이었다. 타이거 우즈는 생후 9개월부터 골프를 시작했으니까 전 생애가 골프 역사인 셈이다. 타이거 우즈의 거리 근육(비거리를 내는 근육)은 30여 년의 세월을 통해 만들어진 것이다. 하늘은 스스로 돕는 자를 돕는 것일까. 어린 타이거 우즈가 간절히 원했던 드라이버 샷의 비거리는 그가 원하는 그대로 이루어졌다. 결국 어린 나이에 익힌 어프로치와 퍼팅은 타이거 우즈의 강점으로 그대로 남았고, 약점인 드라이버 거리는 성장하면서 보강되어 그의 탁월함을 이루는 요소가 되었다.

스피드 모드로 바꾼다

티잉 그라운드에 올라선 타이거 우즈는 드라이버를 잡으면 스피드 모드로 전환시킨다. 양 발의 스탠스를 넓게 벌려 균형과 파워의 견고함을 세우고 턱을 약간 오른쪽으로 돌려 왼쪽 어깨가 깊숙이 들어오도록 자세를 구축한 다음 백스윙을 깊고 넓게 원을 그린다. 자연스럽게 이 흐름을 유지하여 하체가 리드하는 다운스윙을 거쳐 균형 있는 피니시 동작으로 스윙을 마무리한다.

"나의 오른손은 속도를 내는 손이다."

타이거 우즈는 자신의 골프 교습서에서 "나의 오른손은 속도를 내는 손이다. 그리고 왼손은 조종하는 손이다."라며 양손의 역할을 분리시킨다. 스피드는 오른손에 맡기고 왼손으로는 방향을 잡겠다는 것인데, 타이거 우즈는 이 분리된 양손의 기능이 서로 스며들게 하여 일체가 되게 한다. 형식을 갖추되 형식에 매이지 않는 노련함으로 거리와 방향이라는 두 마리의 토끼를 다 잡는 것이다.

이노베이션

타이거 우즈는 끊임없이 혁신한다. 최신 장비로 클럽을 리모델링하고 클럽샤프트의 길이를 조정하고 좀더 스피드를 낼 수 있는 소재로 리노베이션한다. 룰이 허용하는 범위 안에서 반발계수가 뛰어난 클럽으로 무장하며 항상 이를 닦고 조이고 기름 친다. 스윙 폼도 혁신한다. 2005년 탁월한 스피드르 무장한 그의 스윙은 2003년 전 스승 부치 하먼과 결별한 뒤 새롭게 만난 행크 헤이니 코치와의 합작품이다. 타이거는 몸을 이노베이션하고 장비를 이노베이션하고 스윙 폼을 이노베이션한다.

실속과 효율이 좋은 스피드

빠른 스피드, 놀라운 비거리도 정확한 방향이 전제되어 있지 않으면 아무 소용이 없다. 매출은 많은데 순익이 저조한 기업인 셈이다. 공은 빠르나 제구가 되지 않아 스트라이크 하나 원하는 대로 집어넣지 못하는 투수라면 마운드에 올라설 수 없다.

미국 PGA에서 활약하는 존 델리의 드라이버 거리는 항상 1위권이다. 그러나 방향이 문제다. 좌로 우로 난초를 치고 다닌다. 2005년 7월 30일을 기준으로 미 PGA의 기록을 보면 존 델리는 상금 87만 908달러로 57위에 랭크되어 있다.

2005년 브리티시 오픈에서 341.5야드의 드라이버를 날린 타이거 우즈는 페어웨이 적중률 73.4퍼센트로 출전선수 평균 64.9퍼센트를 훨씬 웃돌았고, 그린 적중률도 72.2퍼센트로 목표에 이르는 정확도 면에서 탁월함을 보여 주었다. 현재 타이거 우즈는 660만 1,873달러로 상금순위 1위다. 스피드는 정확한 방향이 전제되어야 실속이 있음을 보여준다.

삼성전자의 스피드 전략

스피드는 상지상(上之上)

1997년 7월 8일 한 일간지에 실린 '이건희 에세이, 21세기 앞에서'에는 「빨리」서 「먼저」로'라는 제목의 글이 있다. 여기에서 우리는 이건희 회장과 삼성전자의 스피드에 대한 깊은 이해와 철학을 배울 수 있다.

과거에는 기업을 경영하려면 돈, 사람, 설비, 기술이 필요했었다.

이들이 기업의 경쟁력을 좌우하는 주된 경영자원이었다. 그러나 지금은 이것만으로는 다른 기업과 차별되는 경쟁우위를 확보하기 어렵게 됐다. 바로 '시간'이 새로운 경영자원으로 부각됐고 이것을 어떻게 활용하느냐가 기업경영의 요체가 됐다.

● 때 놓치면 헛수고

그동안 우리는 자본이나 기술이 턱없이 부족한 상태에서 시간이라는 경영자원을 적절히 활용, 짧은 기간 내에 고도성장을 이룩한 신화를 만들어 냈다. 남들이 쉬고 있을 때 우리는 더 열심히 일함으로써 남보다 빨리 성과를 낼 수 있었다. 우리 건설업체가 해외에서 횃불을 켜 놓고 밤샘공사를 한 것은 유명한 이야기다. 공기 단축과 돌관 작업은 한국 건설업체의 트레이드 마크로 정평이 나 있다.

반도체산업이 세계 정상으로 발돋움하게 된 것도 남들은 2년씩이나 걸리는 공장 건설을 우리는 반년 만에 끝냈기 때문이다. 결국 우리가 '빨리 경쟁력'을 갖게 된 것은 근면과 그것을 촉발한 헝그리 정신이 뒷받침됐기 때문이다.

그러나 이제는 '빨리'만으로는 안 통하는 세상이 됐다. 국제 경쟁이 치열해지면서 우리의 '빨리 경쟁력'을 후발개도국이 답습, 추격해 오고 있으며, 우리 자신 또한 빈곤 탈출의 결과로 과거와 같은 근면성을 계속 유지하기가 힘들게 됐기 때문이다.

그렇다면 지금부터는 시간 경쟁력의 질적 차원을 한 단계 높이는 것이 필요하다. 바로 '빨리의 개념'을 기회를 선점하는 '먼저의 개념'으로 전환해야 한다.

나는 10년 전 삼성의 제2창업을 선언하면서부터 기회선점 경영을 특별히 강조해 왔다. 기술과 자본력에서 훨씬 앞서 있는 미국, 일본과 경쟁하기 위해서는 시간자원을 최대한 활용하는 방법밖에 없다고 생각했기 때문이다. 신경영 1기 3년 동안에는 질 중심 경영을 강조해 왔지만 신경영 2기에는 '먼저' '빨리' '제때' '자주'의 스피드 경영을 강조하고 있다. 반도체산업이 그 좋은 모델인데 나 자신이 직접 타이밍의 중요성을 강조하면서 남보다 먼저 개발하고 생산하기 위해 시간과 피나는 싸움을 벌여 왔다.

● '上之上'의 경영전략

아직도 우리나라 전체적으로 볼 때는 '먼저의 개념'이 미흡한 상태에 있다. 하지만 반도체나 부호분할다중접속(CDMA) 디지털전화와 같은 몇몇 분야에서는 세계시장 선점의 가능성이 보이고 있다. 반도체 분야에서는 세계 최초로 256메가D램, 1기가D램을 개발했고 CDMA 분야에서는 모토롤라보다도 먼저 상용화기술을 개발했다.

손자병법에서 싸우지 않고 이긴다는 상지상(上之上) 전략을 경영에 도입한다면 결국 이는 남보다 먼저 기술과 제품을 개발하고 시장을 선점하는 것이 아닐까. 앞으로 기업경영의 승패는 시간자원을 누가 더 먼저, 누가 더 빨리 활용하느냐에 달려 있다고 말할 수 있다.

시간을 지배하는 자에게 미래가 있다. 지난 고도 성장기에 우리의 장점으로 작용했던 '빨리의 시간 경쟁력'에서 벗어나 '먼저의 시간 경쟁력'을 갖추는 데 총력을 경주해야 한다. 이것이 바로 우리 기업의 새로운 지평이 될 것이다.

4先 전략

경영과 마케팅의 필수 단어들을 열거하다 보니 문득 떠오르는 생각이 있다. 상품(Product), 촉진(Promotion), 고객(Prospect), 이익(Profit), 실천목록(Program), 과정관리(Process), 제안(Propose), … 이상하게도 이들은 모두 'pro-'라는 접두어로 시작된다. 'pro-'에는 '전문인'이라는 뜻도 있지만, '앞으로(forward)'의 의미도 내포되어 있다. 프로는 미리 준비하는 사람인 것이다.

삼성전자의 4先 전략은 선견(先見), 선수(先手), 선제(先制), 선점(先占)이다. 먼저 발견하고, 먼저 손을 쓰고, 먼저 제압하고, 먼저 시장을 가져가라는 것이다. 삼성전자는 기회를 선점하기 위해 기술과 인재를 먼저 확보하고, 미래의 유망사업을 조기 발굴하여 선행 투자한다.

테이프를 먼저 끊는 사람이 수장

삼성전자는 반도체 플래시 메모리의 2005년 1분기 영업이익률이 60퍼센트를 넘는다고 발표하였다. 1억 원어치를 팔면 6천만 원이 남는 것이다. 10퍼센트를 넘으면 수익성 양호로 평가받는데 60퍼센트라는 경이적인 이익률을 기록한 것은 삼성전자가 플래시 메모리의 선두주자이기 때문이다. MP3, 휴대전화 등 모바일의 수요는 급

증하는데 삼성전자는 플래시 메모리의 시장 장악권을 갖고 있다.

삼성전자 내부도 기술의 테이프를 먼저 끊는 사람이 모든 것을 다 가져가는 승자독식 시스템이다. 256메가 D램을 세계 최초로 개발한 황창규 사장이 반도체의 수장이 된 것도 이러한 까닭이다. 스피드의 '최초'는 모든 것을 다 가져가는 '최고'가 되는 것이다.

먼저, 빨리, 제때, 자주

스피드가 가치혁신의 척도라고 해서 무조건적인 빠름만을 추구하지는 않는다. 스피드의 4가지 속성을 제대로 이해하고 이에 맞추어 고객중심, 시장중심의 변화를 추구한다. 스피드의 4대 속성은 '먼저, 빨리, 제때, 자주'다.

'먼저'는 기회선점경영을 말한다. 미리 준비하고 미리 시작하는 4선(선견, 선수, 선제, 선점) 전략이 이에 속한다.

'빨리'는 시간단축경영을 말한다. 신속한 의사결정과 실행으로 상품기획에서 판매까지의 시간을 단축시키거나 불필요한 업무 및 회의를 줄여 시간을 단축하겠다는 것을 말한다.

'제때'는 타이밍경영을 말한다. 한 방향으로 표준화, 시스템화하여 납기를 준수하고 필요한 시점에 필요한 만큼 공급하여 재고를 최소화하겠다는 것이다.

'자주'는 유연한 경영을 말한다. 업무를 복합화하여 빠른 시간에 자주 모여 충분히 논의함으로써 효과적으로 의사결정을 하겠다는 것을 의미한다.

가장 소중한 자원, 시간

피터 드러커는 시간만큼 소중한 자원은 없다고 말한다. 모든 프로세스에 있어서 산출물의 한계를 결정하는 것이 가장 희소한 자원인데 우리가 무언가를 '성취'하는 과정에서 한계를 결정하는 것은 바로 '시간'이라고 한다. 그가 언급하는 시간의 의미를 만나보자.

시간은 다른 자원과는 달리 한정된 자원이다. 시간은 빌릴 수도, 고용할 수도, 구매할 수도, 혹은 다른 사람보다 더 많이 소유할 수도 없다.

시간의 공급은 완전히 비탄력적이다. 아무리 소유가 많아져도 시간의 공급은 늘릴 수 없다. 시간에는 가격도 없고 한계효용곡선이라는 것도 없다. 게다가 시간은 철저하게 소멸되는 것으로서 저장될 수도 없다. 어제의 시간은 영원히 지나가 버리고 결코 되돌아오지 않는다. 그러므로 시간은 언제나 심각한 공급 부족 상태에 있다.

시간은 대체불가능하다. 다른 자원도 한계가 있긴 하지만 대체할 수는 있다. 예를 들면, 알루미늄 대신에 구리를 사용할 수 있다. 인간의 노동을 자본으로 대체할 수도 있다. 육체노동을 지식노동으로 대체할 수 있고 그 반대도 가능하다. 그러나 시간만은 다른 무엇으로도 대체할 수 없다.*

---

* 피터 드러커, 《프로페셔널의 조건》, 한국경제신문, 2001.

우리의 경쟁력, 스피드

서울대 조동성 교수와 잭 웰치의 대담에서 "한국기업에서 배울 것이 있느냐"는 질문에 잭 웰치는 거침없이 이렇게 대답한다.

"스피드!"

한국은 IT기업 R&D센터의 전진기지다. 많은 IT기업들의 연구개발센터가 한국에 있다. 마이크로소프트, 선마이크로시스템즈, 휴렛팩커드, 인텔, 노키아, 소니, 올림포스 등 쟁쟁한 IT기업들이 자신들의 핵심기지 가운데 한 곳을 한국에 두고 있는 것이다.

한국은 디지털 시장의 변화를 미리 알 수 있는 주요한 테스트 마켓이다. 감성과 열정, 스피드와 디지털 감각으로 무장되어 있는 한국의 소비자들에게 먼저 선을 보인 뒤 그들에게서 어떤 반응이 일어나는지를 관찰함으로써 제품의 마케팅 향방을 결정한다.

초고속 인터넷 보급률 세계 1위, 휴대전화 보급률 세계 1위, 소비자 휴대전화 교체주기 1.3년으로 세계 1위. 아이가 학교에서 준비물이 필요하면, 즉시 엄마에게 휴대전화 문자메시지를 보내 해결하는 나라, 나이 드신 할머니가 모바일에서 일대일 고스톱 판을 벌이는 나라, 스피드는 우리의 강점이다. 스피드는 우리에게 기회를 제공했다. 산업화시대에는 '잘살아 보세'와 '빨리빨리'가 결합하여 세계 역사상 유례없는 초고속 성장을 일으켰고, IT시대에는 디지털 강국의 밑바탕이 되었다.

시오노 나나미는 "인간은 자기 본질에 바탕을 둔 행위를 했을 때 성공할 확률이 가장 높다."고 말했다. 우리의 본질은 '스피드'와 연관이 있다. 우리의 미래 전략은 '스피드'를 염두에 두고 세워져야 한다. 어느 토론장에서 삼성전자 반도체 황창규 사장은 이렇게 말했다. "뛰는 말을 날게 하고, 나는 말을 로켓처럼 만들어야 한다."

11 싸우지 않으면 이길 수 없다

꿈의 무대 PGA, 지옥의 Q스쿨

골프로 꿈을 이루고 골프로 인생을 살겠다는 전 세계의 프로지망생들이 얼마나 될까? 우리나라만 해도 적지 않은 이들이 내일의 타이거 우즈와 박세리를 꿈꾸며 샷을 가다듬고 몸을 만드느라 비지땀을 흘리고 있다. 누군가는 골프치고 돈 벌고 박수까지 받으니 그보다 좋은 직업이 어디 있느냐며 부러워할지 모르지만, 당사자들은 입이 마르고 숨이 차고 땀이 비 오듯 쏟아지는 치열한 생존의 현장에 있다.

전 세계 골프 프로지망생들이 꿈꾸는 무대는 미국프로골프협회(PGA) 투어다. 이 무대에서 뛰려면 투어의 프로들은 전년도 상금 순위 125위 안에 들어야 한다. 이 순위에서 벗어나면 Q스쿨을 거쳐서 부활하거나 2부 투어로 내려가거나, 아니면 이 나라 저 나라를 오가는 보따리 투어를 해야 한다.

신인들은 퀄리파잉(Qualifying)이라는 Q스쿨을 거쳐야 한다. 프로들은 이 Q스쿨을 '지옥의 Q스쿨'이라고 표현한다. 1, 2차 예선에서 전 세계의 프로지망생과 투어 낙방생 중에서 수천 명이 걸러지고 겨우 200명 내외의 인원이 최종엔트리 35명을 정하는 본선을 치른다. 6라운드 108홀에서 진검승부가 벌어지는 것이다.

PGA에서 활약하는 최경주 프로가 1999년 Q스쿨을 통과하여 2000년 PGA에 데뷔하였지만 상금 30만 달러에 순위 134위로 밀려났다. 다시 Q스쿨을 거쳐 올라온 최경주는 얼마나 호되게 신고식을 치렀는지 Q스쿨만 생각하면 정신이 번쩍 들어 투어에 전력투구하게 된다고 말한다. 상대를 밀어내지 않으면 2부 투어의 벼랑으로 떨어지는 절박한 상황. 한 타 한 타 피를 말리는 승부는 이기느냐 지느냐의 승부가 아니라, 사느냐 죽느냐 하는 절박한 생존게임이다. 프로들이 다시는 들르고 싶지 않은 곳이 바로 Q스쿨이다. 하지만 꿈의 무대 PGA에서 뛰고 싶다면 지옥의 Q스쿨을 거쳐야 한다.

경쟁자가 없는 푸른 바다가 있다고?

파랑새(Blue Bird)를 찾아 어린 남매가 길을 나섰다. 산 넘고 물 건너 추억의 나라를 거쳐 미래의 나라까지 아무리 헤매도 파랑새는 보이지 않았다. 기진맥진하여 집으로 돌아온 남매는 자기 집 처마에 앉아 있는 파랑새를 발견하게 된다. 행복을 뜻하는 파랑새는 지금(Now), 여기(Here)에 있다. No Where(어디에도 없는)가 아니라, Now Here(지금 여기)에 있는 것이다.

경쟁자가 없는 푸른 바다로 가라는 블루 오션(Blue Ocean) 전략이 화두다. 피를 흘리며 싸워야 하는 경쟁시장인 레드 오션(Red Ocean)에서 벗어나 경쟁이 없는 푸른 바다(Blue Ocean)로 가라는 것이다.

블루 오션, 말만 들어도 시원하다. 매력적이다. 경쟁자가 없으니 지긋지긋한 싸움도 없고, 새로운 수요가 끊임없이 창출되고, 동시에 저비용을 추구할 수 있다니 실로 놀랍다. 누구나 블루 오션의 시원한 바다에 빠지고 싶을 것이다. 어렵고 힘든 사람들에게 이보다 더 좋은 이론과 대안은 없다. 진실로 그들에게 블루 오션은 희망이다.

그러나 안타깝게도 블루오션이 그냥 쉽게 찾아지는 것은 아니다. 현재의 자리에서 치열하게 싸우고 싸워야, 그래서 이기기 위해 혁신하고 살기 위해 새로운 사업을 찾는 가운데 블루 오션이 발견되는 것이다. 블루 오션의 사례로 거론되는 '비타500'을 보자.

약국의 약사들은 박카스가 배달되기 전날 현금을 준비한다. 약국의 다른 품목들은 일정기간 수금을 유예하고 회전 주기를 주는 데 반해 박카스는 현금을 주고 구입하는 경우가 대부분이다. 1963년 출시 이후 세월이 흘러도 변치 않는 불멸의 히트상품, 박카스. 경쟁사들은 박카스의 아성을 공략하려고 치열한 노력을 기울였다. 하지만 영진구론산, 원비, 영비천, 알프스, 자황 등의 숱한 공격에도 박카스는 흔들리지 않았다. 그런 박카스가 광동제약의 비타500에게 일격을 맞는다. 처음에는 의외의 선전이라며 바라보던 구경꾼들도 2005년 4월 비타500이 박카스의 매출을 상회하자 비타500을 다시 보기 시작했다.

비타500의 성공은 '먹는 비타민을 마시는 비타민'으로 '약품이 아니라 식음용'으로, 그리고 판매채널을 '약국 일변도에서 마트, 슈퍼, 약국 등 전방위'로 바꾼 데 있다. 이른바 고정관념을 깨고 참신하고 유연한 발상으로 시장에 접근한 것이 히트의 핵심 요건이 된 것이다.

박카스를 타깃으로 경쟁하던 품목들은 여전히 레드 오션에 있었지만, 비타500은 가치혁신을 통해 경쟁자가 없는 푸른 바다에 진입하였다고 한다. 과연 그럴까?

광동제약은 치열한 레드 오션의 역사 속에 있었다. 초기의 경옥고에서부터 광동쌍화탕, 그리고 우황청심환까지 경쟁사와 늘 난타전을 벌였다. 외환위기 당시에는 1차 부도 위기까지 몰리는 상황도 겪었다. 그런 광동제약은 치열한 레드 오션의 싸움을 거치면서 맷집이 강해졌고 시장의 맥과 급소를 읽을 수 있는 눈을 키웠다. 그리고 비타500이라는 회심의 일격을 날렸다. 그들에게는 레드 오션과 블루 오션이 따로 있었던 것이 아니라, 레드 오션의 연장선상에 블루 오션이 있었던 것이다. 싸우지 않고는 이길 수 없는 것이다.

매치 플레이가 타이거 우즈를 키웠다

서정주는 '자화상'에서 "나를 키운 것은 팔 할이 바람"이라고 했다. 동양에 손자병법이 있다면 서양에는 클라우제비츠의 '전쟁론'이 있다. 클라우제비츠는 "천재는 전장(戰場)에서 만들어진다."고 말했다. 골프 황제 타이거 우즈를 키운 것은 팔 할이 매치 플레이라고 말할 수 있다. 어린 나이의 타이거 우즈는 매치 플레이로 경기를 벌이는 전미(全美) 주니어 아마추어 대회에서 3연속 우승을 차지했고 아마추어 대회의 최고봉이라 할 수 있는 US아마추어 대회에서도 1994년부터 1996년까지 3연속 우승을 차지한다. 아마추어 매치 플레이에서 36전 36승이라는 놀라운 기록을 수립한 타이거 우즈는 프로에 데뷔해서도 액센추어 매치 플레이에서만 20승 3패, 프로통산 36전 30승이라는 높은 승률을 기록하여 '매치불패', 또는 '싸움꾼'이라고 불리기도 한다.

골프 경기는 스트로크 플레이와 매치 플레이로 분류된다. 우리가 흔히 보는 스트로크 플레이는 통상 4일간 경기를 벌여 총타수를 비교해 우열을 가린다. 승부의 관건은 버디를 몇 개 했는가, 몇 언더파인가 하는 기록경기라 할 수 있다. 그러나 매치 플레이는 상대를 이겨야 한다. 사용하는 용어도 이기면 업(up), 지면 다운(down), 비기면 하프(half)를 쓰고, 홀마다 물러설 곳 없는 일대일 승부를 벌인다. 매치 플레이는 승패가 결정나면 18홀을 다 끝내지 않고도 승부가 종료되며 퍼팅에서 '기브(Give)'라고 하는 '컨시드

(concede)'를 줄 수도 있다.

타이거 우즈가 매치 플레이에 강한 이유가 있다. 아버지 얼 우즈가 그를 싸움꾼으로 키웠기 때문이다. 혼혈인 얼 우즈는 월남전에 참전 경험이 있는 그린베레 전사다. 평소에는 유색인종에 대한 차별과 싸웠고, 전장에서는 목숨을 걸고 적군과 싸웠다. 얼 우즈에게 세상은 치열한 레드 오션, 싸움판이었다. 이기기 위해, 살아남기 위해 싸워야 했고 사랑하는 아들에게 살아가는 지혜로 싸움에서 승리하는 방법을 가르쳤다.

타이거 우즈의 싸움에서 이기는 법칙

천하의 타이거 우즈도 매치 플레이에서 상대의 술수에 당한 적이 있다. 그리고 타이거 우즈도 술수를 쓴 적이 있다. 그의 이야기를 직접 들어보자.

"나는 나에게 갖가지 술수를 쓴 여러 골퍼들을 경험했다. 그들은 퍼트를 성공한 뒤에 나를 차갑고 매서운 눈길로 쳐다보기도 했고, 파3홀에서 캐디에게 실제 친 것이 아닌 다른 클럽으로 쳤다고 이야기하기도 했다. 나는 꾀를 내어 하는 싸움들을 좋아한다. 그것도 골프의 재미 중 하나다. 나 역시 그러한 술수가 있다. 그중 다섯 가지를 소개한다. 어떤 것이든 이용해 보기 바란다.

1 드라이브를 제대로 날린 뒤에 마치 미스 샷을 한 것처럼 반

응한다.

2 당신이 친 드라이브를 향해 가는 길에 상대방이 친 공을 지나치면 그것을 잠깐 본다. 마치 그것을 당신의 공으로 여기는 것처럼 잠깐 망설이다가 당신의 드라이브를 향해 가던 길을 간다.

3 상대에게 짧은 퍼트 두어 개를 오케이를 준 뒤, 홀에 바짝 붙은 퍼트를 하도록 한다.

4 상대에게 홀에 가까운 몇 개의 퍼트를 시킨 뒤 확실치 않은 2피트 정도의 퍼트는 오케이를 준다.

5 바람이 심하게 부는 날, 당신의 상대를 따돌린 뒤에 당신이 어프로치 샷에서 쓸 의도가 전혀 없는 클럽을 쥐고 연습 스윙을 몇 차례 한다. 만약 상대가 당신의 클럽 선택을 따라한다면 그는 틀린 선택을 하게 된다."*

타이거 우즈가 싸움에서 이기는 법칙을 살펴보자.

첫째, 포기하지 않는다. 골프 승부는 장갑을 벗어 봐야 안다는 말처럼 승부가 끝날 때까지는 아직 그 어떤 것도 끝난 것이 아니다. 타이거 우즈가 열 살 때 오렌지볼 클래식대회에서 선두를 유지하다 어느 홀에서 짧은 퍼트를 놓친 후 게임을 포기하다시피 하자, 아버지 얼 우즈는 호되게 나무란다. 포기는 골프에서 가장 추악한 반칙이라면서 결코 용납될 수 없다고 강조한다. 한 번의 실수가 있

---

* 타이거 우즈, 《나는 어떻게 골프를 치는가》, 황금가지, 2002.

다고 해서, 그리고 지고 있다고 해서 게임이 끝난 것은 아니다.

둘째, 장악한다. 필드에서는 내가 마치 왕인 듯이 의연하게 페이스를 유지하고 자기의 리듬으로 승부하는 것이 중요하다. 복서가 링을 장악해야 하듯이 골프는 필드를 장악해야 승리를 할 수 있다. 그의 아버지 얼 우즈는 필드를 장악하기 위한 연습으로 포로 심문 요령을 가르치기도 했다. 필드를 장악하고 경쟁자를 지배해야 이길 수 있다.

셋째, 개선한다. 타이거 우즈는 수시로 샷을 점검하고 그립을 가다듬는다. 홀 간 이동 중이나, 쉬는 시간에도 자세를 흐트러뜨리지 않은 채, 그립이 느슨해지지는 않았는지 개선할 항목은 없는지를 찾아 자신을 가다듬는다.

넷째, 위협한다. 타이거 우즈는 드라이버를 상대보다 멀리 날릴 수 있다. 이때 그는 페어웨이에 나가 상대가 샷을 할 동안 자신의 볼 앞에 가서 서 있는다. 자신의 우월함을 통해 상대를 위협하는 것이다. 빨간색 티셔츠와 검정색 바지도 원색의 힘으로 상대를 위협하는 요소다. 버디 퍼팅이 들어가면 취하는 어퍼컷 자세도 갤러리를 위한 포즈지만 실제로는 경쟁자를 초조하게 만드는 위협의 제스처이기도 하다.

타수로 벌이는 스트로크 경쟁은 만회할 기회가 있다. 그러나 일대일로 승부를 벌이는 매치 플레이에서는 패하면 바로 짐을 싸야 한다. 매치 플레이는 늘 그 순간이 최후의 전투다.

디지털 파이터

2005년 6월 일본을 대표하는 기업 소니의 이데이 노부유키 회장이 물러났다. 새로운 CEO로는 미국 소니에서 영화·음악 콘텐츠를 맡았던 미국인 하워드 스트링거가 취임하였다. 일본의 자존심 소니가 순혈주의를 버리고 외국인을 최고경영자로 위촉한 것이다. 이데이 회장을 물러나게 한 것은 시장(市場)이다. 비즈니스의 전쟁터인 시장에서 패배했기 때문이다. 일본 내 시장에서는 마쓰시다에게, 글로벌 시장에서는 삼성전자에게 패했기 때문이다.

비즈니스에서 싸움은 피할 수 없다. 1969년 삼성전자 창립 이후 그들의 역사는 비즈니스 전사(戰史)다. 어렵사리 흑백 텔레비전을 만들었다. 당시 선발주자였던 금성사와 피할 수 없는 한판승부가 기다리고 있었다. 냉장고를 만들었다. 이번에는 당시 대한전선까지 3파전이었다. 선풍기를 만들었다. 신일선풍기, 한일선풍기 등 이번에는 적들이 더 많았다. 판매 전쟁, 기술 전쟁, 광고 전쟁, 홍보 전쟁, 인재확보 전쟁 등 머무는 곳마다 전선(戰線)이었으며, 부딪히는 곳마다 전투(戰鬪)가 일어났다.

1983년 반도체 진출을 선언한 이후에는 전쟁의 양상이 급변했다. 시장점유율을 놓고 다투는 내전은 어쩌면 낭만이 있었던 시절이었다. 반도체 전투는 전개 양상부터 전혀 달랐다. 반도체 산업의 속성상 선두주자는 후발주자에게 추격할 기회조차 사전 봉쇄했다. 아예 싹을 잘라 버리는 것이다. 삼성전자 반도체는 수없이 맞았다.

인텔의 기술에, 샤프의 가격에 맞았으며, 텍사스 인스트루먼트에게는 특허문제로 맞았고, 마이크론 테크놀로지에게는 덤핑제소를 당해 큰 충격을 받기도 했다. 산업의 쌀이라던 반도체는 시원한 푸른 바다가 아니었다. 피비린내 나는 레드 오션이었다.

싸움을 하다 보면 실력이 는다. 선제공격의 장점도 알게 되고, 공격의 허점을 파고들어 일격을 가하는 법도 깨우친다. 천재는 전쟁터에서 만들어진다는 클라우제비츠의 지적처럼 삼성전자는 치열한 비즈니스의 전쟁터에서 태어나고 성장해 왔다. 삼성전자는 디지털 파이터다.

삼성전자의 싸움에서 이기는 법칙

'나를 따르라'의 리더십

이스라엘이 승리를 거둔 6일 전쟁의 이야기. 승부의 갈림길은 리더의 명령에 있었다. 이스라엘의 리더 애꾸눈 국방상 모세 다얀은 진열(陣烈)의 맨 앞에서 '나를 따르라'고 지휘했지만, 아랍의 리더들은 후방에서 '공격 앞으로'를 명령했다고 한다.

삼성전자 CEO들은 사장과 부장의 두 가지 직책을 갖고 있다. 반도체의 황창규 사장은 메모리사업부장이다. 휴대전화의 이기태 사장은 무선사업부장이다. 디지털멀티미디어의 최지성 사장은 영상디스플레이사업부장을 겸임하고 있다.

사장이 왜 부장의 역할까지 수행할까? 전쟁을 책임지는 총사령관이 지역부대장까지 겸하는 이유는 진열의 맨 앞에서 '나를 따르라' 하며 명령을 내릴 수 있기 때문이다. 보고체계를 간결하게 하고, 의사결정을 신속하게 할 수 있으며, 현장을 속속들이 알고 대처할 뿐만 아니라 현장에서 명령을 내릴 수 있기 때문이다. 어떤 사람은 '있는 집이 더 한다'고 말할 것이다. 맞는 말이다. 있는 집이 더 한다. 그리고 더 하기 때문에 있는 집이 되었다.

이기는 시합을 한다

디지털 시대, 비즈니스 전쟁은 속도전이다. 빠른 자가 강한 자인 것이다. 삼성전자의 4先 전략(선견-선수-선제-선점)은 이길 수 있는 시합을 하기 위한 여건을 조성하겠다는 것이다. 기준에 따르다가는 낙오되기 쉽다. 미래의 관점에서 현재를 보고 스스로 기준을 만들어 가면서 이기는 싸움을 해야 한다.

삼성전자 반도체는 경쟁업체보다 대략 6개월에서 1년 정도 기술이 앞서 있다고 한다. 이 기간은 승리의 무풍지대다. 경쟁업체가 따라 붙어 유사한 제품을 출시할 때쯤이면 대량으로 물량을 공급한다. 가격이 내려갈 것은 불문가지. 경쟁사도 가격을 내릴 수밖에 없다. 그러면서 삼성전자는 다시 한 단계 앞선 기술을 접목한 제품을 출시한다. 삼성전자 반도체는 승리를 예상하는 지도를 그려 놓고 시합을 한다.

진정한 승자는 지킬 것은 지키면서 이기는 싸움을 한다. 승자는 룰을 가지고 있다. 무조건 이기는 것이 아니다. 깨끗하고 투명한 플레이로 이겨야 한다. 삼성전자는 투명경영, 윤리경영, 기업의 사회적 책임 등을 다하면서 이길 줄 안다.

결국 싸움은 사람이 한다

골프에서 '드라이버는 쇼(Show), 퍼팅은 머니(Money)'라는 말이 있다. 드라이버가 대포를 쏘는 일이라면 퍼팅은 적의 진지에 깃발을 꽂는 일이다. 홀에다 볼을 넣는 퍼팅이 최종승부를 가름한다는 것이다.

전쟁에서 최후의 깃발을 꽂는 것은 대포도 탱크도 아닌 사람이다. 결국 싸움은 사람이 한다. 맥킨지 컨설팅에서는 〈인재 전쟁(The War of Talent)〉이라는 리포트에서 "지금은 두뇌전쟁, 인재전쟁의 시대이며, 총칼이 아닌 사람의 머리로 싸우는 두뇌 전쟁에서는 뛰어난 인재가 국가의 흥망성쇠를 좌우한다."고 했다. 우수한 인재의 확보와 양성만이 이 전쟁에서 승리하는 비결이라는 것이다.

이건희 회장이 "우리가 모르는 것은 똑똑한 천재를 불러다 대신 결정하도록 하면 된다" "한 명의 천재가 십만 명을 먹여 살린다."라며 인재확보에 끊임없는 갈증을 보인 것도 결국 싸움은 사람이 하는 것이기 때문이다. 첨단기술 개발, 미래 디자인, 신시장 창조, 기발한 발상 등 디지털 전쟁의 고지에 깃발을 꽂는 일은 사람, 즉

인재가 수행한다. 인재을 확보하기 위해서는 영입, 육성 등 가능한 모든 방법을 다 동원한다. 전용비행기가 뜨는가 하면 삼고초려(三顧草廬)도 마다하지 않는다. 삼성전자의 S급인재로 분류된 어느 임원에게는 무려 20년의 공력을 기울였다고 한다.

이건희 회장이 부회장에 취임하는 날 아버지 이병철 선대회장으로부터 '경청(傾聽)'이라는 휘호를 선물 받았듯이, 이건희 회장은 아들 이재용 상무에게 의미 있는 선물을 하나 한다. 그것은 바로 삼고초려도(三顧草廬圖)라는 수묵화다. 유비가 제갈공명을 영입하려고 세 번이나 찾아가 간곡하게 협조를 간청했다는 내용을 담고 있는 이 그림에는 인재영입의 중요성을 가슴에 새겨 주고 싶은 이건희 회장의 특별한 마음이 담겨 있다.

몽골군의 CEO 칭기즈칸은 전투에 나서기 전 다음과 같은 출사표를 던진다.

"나는 몽골의 푸른 늑대다. 너희는 신(神)의 군대다. 우리의 신인 쾌쾌 탱그리와 시조 불테치노는 항상 우리를 지켜보고 계신다. 너희에겐 패배란 없다. 나를 따르면 모든 전쟁에서 승리할 것이다."

이런 출사표가 있는 군대는 강할 수밖에 없다. 이런 출사표는 강한 전사를 탄생시킨다.

삼성전자 반도체에도 출사표가 있다. 반도체의 불모지에서 20여 년 만에 최고의 자리에 오르기까지 '반도체인의 사명' 이라는 글은 그들의 가슴을 사르는 불꽃이었다.

반도체인의 사명

하나, 안 된다는 생각을 버려라.

하나, 큰 목표를 가져라.

하나, 일에 착수하면 물고 늘어져라.

12 미래 경쟁의 핵심은 브랜드다

우즈 효과와 삼성전자 효과

월스트리트를 읽는 몇 가지 이론이 있다. '치마길이 이론'은 치마가 올라가면 주가가 오른다는 것이고, '립스틱 이론'은 립스틱 판매량이 늘면 그 다음해 경기가 좋다는 것이다. 그런 월가에 '우즈 효과'라는 신조어가 등장했다. 내용은 이렇다. 타이거 우즈가 경기에 출전하면 월요일 주가가 상승하고 출전하지 않을 때는 하락세를 보인다는 것.

우즈 효과의 근거는 있는가? 2001년 5월 15일자 〈뉴욕포스트〉의 분석에 따르면 2000년부터 2001년 5월까지 다우지수가 하강곡선을 그렸는데도 타이거 우즈가 대회에 출전하면 반드시 그 다음 월요일의 다우지수가 상승하였고 경기에 출전하지 않았을 때는 10주 중 8주에 걸쳐 다우지수가 하락세를 나타냈다고 말하면서, 이 기간 동안 타이거 우즈의 다우지수 영향력을 달러로 환산하면 450억 달러(약 45조 원)에 이른다고 하였다.

월가의 우즈 효과를 자세히 들여다보면 이렇다. 월스트리트에서 큰돈을 움직이는 투자가, 펀드매니저, 애널리스트 등은 대부분 골프를 즐기기 때문에 주말에 PGA 경기를 즐겨 본다. 그런데 타이거 우즈의 공격적인 플레이를 보거나, 타이거 우즈가 버디라고 한 번 하고 나면 손을 치켜드는 용맹스러운 저스처를 보고는 자신도 모르게 그 분위기에 동화된다. 다음날인 월요일, 이들은 자신감을 안고 객장에 나가며 장세를 낙관적으로 보고 공격적인 투자를 한다. 그리고 이것은 지수 상승을 이끈다.

미 연방제도이사회(FRB) 의장인 그린스펀의 한마디 한마디는 주가에 커다란 영향을 끼친다. '그린스펀 효과' 라는 말도 있다. 그런데 월가에서는 이제 '그린스펀 효과' 는 약발이 많이 떨어졌고 '우즈 효과' 가 더 영향력이 있다는 말까지 나온다고 한다.

'인텔 효과' 라는 시장용어가 있다. 분기마다 인텔의 높은 실적이 발표되면 전 세계 IT기업들의 주가가 일제히 상승하는 현상을 일컫는 말이다. IT산업에서 인텔의 영향력을 읽을 수 있는 대목이다. 우리나라에는 '삼성전자 효과' 가 있다. 한국증시 시가총액의 약 22퍼센트를 차지하는 삼성전자의 분기실적 발표 결과에 따라 한국증시도 일희일비한다. 그런데 2005년을 계기로 '삼성전자 효과' 는 글로벌의 물결을 탄다. 삼성전자의 2004년 4/4분기 실적이 발표되자 국내는 말할 것도 없고 전 세계 IT종 지수도 삼성전자 효과를 본 것이다. 한국의 종합주가지수는 1.99퍼센트, 미국은 0.88퍼센트, 일본은 0.44퍼센트, 타이완은 0.95퍼센트가 각각 올랐다. 인텔이 4/4분기 실적을 발표하였을 때 미국 나스닥 지수만 0.62퍼센트 올랐을 뿐 다른 나라 지수들은 일제히 하락세를 면치 못했던 것과는 대조적이었다.

브랜드는 차별화, 그리고 영향력

타이거 우즈가 참가하는 대회와 그렇지 않은 대회는 관심과 열기가 다르다. 타이거 우즈라는 브랜드의 위력 때문이다. 2004년 9월 미국 펜실베이니아주 파밍턴에서 열린 PGA투어 '84럼버클래식'은 타이거 우즈가 참가할 예정이었다. 대회조직위를 비롯한 주최측은 지역신문에 많은 돈을 들여 광고를 싣고 대회포스터를 마련하였으며 티켓도 8만 장이 나가는 등 '대박' 조짐이 보였다. 그러나 타이거가 라이더컵 출전의 피로 때문에 불참을 통보하자 '쪽박'이 되었다. 불길처럼 타오르던 축제 분위기는 물거품처럼 사라졌고 지역 전체가 깊은 실망감에 빠져들었으며 대회조직위는 초상집이 되었다.

우리에게도 타이거 우즈의 브랜드 가치를 실감케 하는 일이 있었다. 2004년 11월 12일 제주도에 타이거 우즈가 나타났다. 콜린 몽고메리, 최경주, 박세리와 상금 20만 달러를 놓고 벌이는 스킨스(Skins) 게임을 위해서였다. 타이거 우즈가 20만 달러의 상금을 위해 한국에 온 건 아니었다. 상금은 이미 불우아동돕기 성금으로 기탁하기로 되어 있었다. 대신 그에게는 별도로 150만 달러의 초청료가 지불되었다. 당시 환율로 17억 5천만 원에 해당하는 거금이었다. 그 금액도 일본의 던롭 피닉스 오픈출전에 앞서 잠시 들른 것이라 파격적으로 할인해 준 것이라며 생색을 냈다. 한편 타이거 우즈를 보려는 갤러리들은 1인당 20만 원을 지불해야 했다. 모시기도 힘들고 보기도 여간 어렵지 않은 타이거 우즈. 그는 빛나고 빛나는 브랜드 가치를 지니고 있다.

중국에서는 삼성브랜드가 1위다. 베이징 대학이 발간하는 '북대상업평론(北大商業評論)'에서 조사한 '중국 100대 최대가치 소비재 브랜드'에서 삼성전자가 1위로 선정되었다. 2위는 중국의 하이얼, 3위는 노키아, 4위는 폴크스바겐, 5위는 모토롤라 순이었고 일본의 소니는 8위에 머물렀다.

중국에는 삼성전자 '짝퉁'이 등장하여 애를 먹인다. '애니콜(Anycall)'의 짝퉁 '애미콜(Amycall)'이 등장하고 삼성(Samsung)을 본뜬 삼멩(Sammeng)이라는 브랜드가 시장을 혼란스럽게 하고 있다. 애니콜과 삼성의 브랜드 가치를 훔치기 위해 위험을 무릅쓰고 모방하는 것이다. 브랜드에서는 '짝퉁이 없으면 아직 명품 반열이 아니다'라는 말이 있을 정도로 브랜드 로열티가 높으면 추종세력, 모방세력이 나타나게 마련이다. 삼성 브랜드의 영향력을 실감하게 하는 대목이다.

브랜드 가치는 대차대조표에 따로 기재되지 않는다. 그런데도 값이 있다. 한국존슨은 '에프킬라'를 만드는 삼성제약을 인수할 당시 '에프킬라'의 브랜드 가치를 인정하여 297억 원을 브랜드 값으로 지불하였다. 코카콜라의 브랜드 가치는 2005년 현재 675억 2천 5백만 달러(약 68조 원)로 발표되었다. 매년 발표되는 〈비즈니스 위크〉와 인터브랜드의 브랜드 가치평가에는 전 세계가 촉각을 곤두세운다. 삼성전자는 2005년 149억 5천6백만 달러로 20위에 선정되었으며, 일본의 소니는 107억 5천4백만 달러로 28위에 랭크되었다. 2004년 21위였던 삼성전자는 1단계 승급, 20위였던 소니는 8단계 강등된 결과다. 브랜드는 기업의 현재가치를 글로벌 기준으로 판단할 수 있는 중요한 무형자산임을 보여주는 사례다.

브랜드는 차별화다. 자신의 상품이나 서비스를 다른 경쟁자와 구별하기 위해 사용하는 명칭, 컬러, 기호, 별명 등을 일컬어 브랜드라고 하는데, 소비자들의 가슴에는 대표브랜드가 있다. 콜라 하면 무엇, 휴대전화 하면 무엇, 카메라 하면 무엇 하듯이 소비자들의 가슴속에는 차별화된 브랜드 영역이 존재한다. 마케팅에서는 이것을 포지셔닝(Positioning)이라고 하는데 브랜드를 구축하고 가치를 높이는 데 있어 브랜드 차별화는 핵심 요건이다.

타이거 우즈는 메이저대회를 비롯한 몇몇 대회는 초청료가 없더라도 기꺼이 참석하고 우승을 위한 치밀한 계획을 세운다. 경쟁자와의 차별화를 꾀할 수 있는 절호의 기회이기 때문이다. 삼성전자가 올림픽마케팅에 전력투구하고 있는 것도 브랜드를 차별화하는

브랜드는 자신이 아니라 다른 사람이 말하는 자신에 대한 이미지다. 우리를 대표하는 브랜드 삼성은 세계인들이 열광하는 브랜드이다. 삼성전자의 LCD TV와 디지털 카메라를 보며 감탄하는 세계인들.

최고의 기회가 되기 때문이다. 1998년 나가노 동계올림픽을 계기로 올림픽공식후원사가 된 삼성전자는 각종 프로모션 및 행사를 통하여 글로벌 브랜드로 도약하게 되는 계기를 맞이한다.

브랜드에 있어서 진정한 차별화와 영향력은 실력으로 창조된다. 그것도 왕년의 실력이 아니라 현재, 이 자리에서 보여 줄 수 있는 것이 무엇인가가 중요하다. 타이거 우즈의 이름 앞에 황제라는 빛나는 수식어가 붙은 것도 그의 출신, 배경, 인격 때문이 아니다. 실력 때문이다. 2005년 메이저대회에서 마스터스 우승, US오픈 2위, 브리티시 오픈 우승, PGA챔피언십 공동4위라는 최고의 실력을 보여 주었기 때문이다.

삼성전자에게 IT의 황제라는 호칭이 처음부터 익숙하지는 않았다. 그러나 2004년 결산이 나오자 삼성전자에게는 빛나는 황제의 호칭이 붙기 시작했다. 순익으로 나타난 삼성전자의 실력 때문이다. 2004년 삼성전자는 매출 550억 달러에 순이익 103억 달러를 기록하였다. 소니는 720억 달러의 매출에 8억 5천만 달러의 순이익, 마이크로소프트의 순이익은 82억 달러였다. IT기업으로서는 유일하게 순이익 100억 달러가 넘은 기업이 되자 삼성전자에게는 황제라는 호칭이 붙기 시작했다. 브랜드 가치에서 삼성전자가 소니를 뛰어넘은 데에는 올림픽마케팅, 반도체 신화, 애니콜 성공과 같은 여러 이유가 있겠지만 진정한 이유는 당기순이익이라는 실력 때문이다. 진정한 브랜드 가치는 실력에서 판가름 난다.

타이거 우즈의 브랜드 로열티

황제의 결혼식에 황제들이 모이다

2004년 10월 6일, 카리브해안의 섬나라 바베이도스에서 타이거 우즈의 결혼식이 있었다. 결혼식장인 샌디레인 호텔에는 500송이의 장미가 배달되었고 신부 화장을 위해 런던에서 특별 미용사팀이 비행기로 파견되었다.

푸른 카리브해의 물결과 아름다운 노을이 장관을 이룬 가운데, 신랑 타이거 우즈와 신부 엘린 노르데그렌은 꽃으로 만들어진 아치 아래서 반지를 교환했다. 결혼식이 끝난 후 하객들은 샌디레인 호텔 골프 코스에 마련된 거대한 천막 아래의 객석에 앉아 최상급 샴페인과 함께 날치요리, 마카로니 파이, 칵테일 새우 등의 만찬을 즐겼다. 세계 제1의 부자 컴퓨터 황제 빌 게이츠, 농구 황제 마이클 조던, 그리고 토크 쇼의 화려한 여제(女帝) 오프라 윈프리 등도 참석하여 자리를 빛냈다. 황제의 결혼식에 황제들이 모인 것이다.

타이거 우즈의 브랜드 로열티를 비교해 보자. 2005년 〈포브스〉지는 세계 100대 스타를 선정하였다. 관심도와 소득을 기준으로 인기순위를 평가하였는데 1위에는 오프라 윈프리, 2위에는 타이거 우즈가 선정되었다. 스포츠 스타 부문에서는 타이거 우즈가 소득, 인기, 관심도 등 모든 부문에서 1위로 선정되었다. 100대 스타에는 빌 클린턴과 잭 웰치도 랭크되었는데, 클린턴은 56위, 잭 웰치는 83위였다. 골프 황제 타이거 우즈의 브랜드 로열티가 어느 정도인지를 가늠할 수 있다.

타이거 우즈의 컬러

프로들은 컬러로 자신의 콘셉트와 브랜드 이미지를 창조한다. 잭 니클로스는 골든 베어라는 별명대로 골드 컬러다. 게리 플레이어는 단신이라는 핸디캡을 보완하기 위해 검정색 옷을 입는다. 최경주는 무뚝뚝하고 거무튀튀한 탱크이미지를 바꾸려고 오렌지 컬러로 이노베이션을 시도했다. 클럽샤프트를 오렌지 컬러로 바꾸고 오렌지색 티셔츠를 입고 경기에 출전하여 변신에 성공했다. 마스터스와 오거스타 골프장은 골프 고유의 컬러인 녹색이다. 골프의 바탕색인 녹색의 그린재킷은 챔피언 유니폼이 되었다.

타이거 우즈 고유의 컬러는 빨간색이다. 매 경기의 마지막 날 타이거 우즈는 빨간색 티셔츠에 검정색 바지를 입는다. 불교신자인 어머니 쿨디다는 "빨간색에서 타이거의 힘이 나온다."며 아들에게 빨간색 티셔츠를 입도록 권유했다. 열정적이고 도전적인 빨간색 티셔츠를 입고 필드에 나타나면 갤러리는 열광하고 경쟁자는 초조해진다. 타이거 우즈의 컬러 빨간색은 필드의 승부 전술이며 브랜드 이미지를 선명하게 하는 그만의 전략이다.

타이거 우즈의 제스처

타이거 우즈의 브랜드 로열티를 강화시키는 것 중의 하나는 제스처다. 버디라도 한 번 하면 '어퍼컷'을 날리듯 포효한다. 골프팬들은 타이거 우즈의 호쾌한 플레이와 승리의 제스처인 이 동작에 열광한다. 자신만의 자축 세리머니일 수도 있고 팬들에 대한 서비스 차원의 동작일 수도 있지만, 상대선수를 심리적으로 무너뜨리려는 전략이기도 하다. 상대선수에게는 기선제압의 제스처이며, 자신에게는 사기를 북돋우는 파이팅의 몸짓인 것이다.

골프는 기량도 중요하지만 정신력이 차지하는 비중이 높다. 예민한 상황에서 타이거 우즈의 제스처는 경쟁자에게 신경이 쓰이는 대목이다. 반면 그의 제스처는 팬들에게 또 다른 볼거리를 제공하며 그만의 이미지를 창조해 간다.

타이거 우즈의 별명

미 LPGA의 메이저대회인 브리티시 오픈에서 장정 선수가 우승하자 '울트라 슈퍼 땅콩' 이라는 별명이 신문의 헤드라인을 장식했다. 이 별명에는 '슈퍼 땅콩' 김미현이 숨어 있다. 김미현보다 1센티미터가 작기 때문에 '울트라' 가 추가된 것이다. 별명은 프로를 빛나게 하는 또 다른 브랜드다. "황제와 킹의 결투에 흑기사 출현." 영화제목 같은 이 말은 잭 니클로스와 아놀드 파머, 게리 플레이어의 대결, 이른바 황금의 빅 3의 경기를 그들의 별명으로 표현한 것이다. 황제는 잭 니클로스, 킹은 아놀드 파머, 흑기사는 게리 플레이어다.

골프 스타들의 별명도 시대에 따라 변화가 있다. 프로의 초창기에는 당시 번창하던 농업과 관련이 있었다. 진 사라센의 별명은

'대지주', 바이런 넬슨은 '목장주인'이었다. 대지주와 목장주인은 이들의 꿈이었다. 결국 진 사라센은 대지주가 되었고 바이런 넬슨은 목장주인이 되었다. 당시 같이 활약하던 벤 호건의 별명은 호크 미사일에 빗대어 '호크(Hawk)'라고 불리었다.

최근에는 선수의 캐릭터와 이미지를 연결하여 개성이 돋보이는 별명들이 등장하고 있다. 그렉 노먼의 백상어, 크레이그 스테들러의 해마, 비제이 싱의 검은 진주, 최경주의 갈색 탱크, 김미현의 슈퍼 땅콩 등이 캐릭터 이미지와 연결된 별명이라고 한다면, 닉 팔도의 스윙 머신, 짐 퓨릭의 8자 스윙, 아니카 소렌스탐의 컴퓨터라는 별명은 스윙 이미지를 따라 붙여진 별명이다.

타이거 우즈의 별명은 '타이거'다. 타이거 우즈의 본명은 엘드릭 우즈(Eldrick Woods). 타이거의 부모가 자신들의 이름인 얼 우즈와 쿨디다의 첫 자 'E와 K'를 넣어 엘드릭이라고 이름 지었다. 타이거라는 별명은 아버지 얼 우즈가 월남전에 참전했을 당시 두 번의 죽을 고비에서 자신을 구해 준 '퐁 중령'과 관련이 있다. 그린베레의 같은 팀이었던 퐁 중령의 은혜를 잊지 않기 위해 그의 별명을 아들에게 붙여 준 것이다. 타이거라는 별명은 정글전이 배경에 있는 치열한 이름이다. 골프팬들에게는 애칭이지만 경쟁자들에게는 말 그대로 공포의 호랑이가 된다.

삼성전자의 브랜드 전략

세계적인 브랜드는 그 나라의 외교관

이름만으로도 세계인의 마음을 열어 그 나라까지 사랑하게 하는 힘, 브랜드.

브랜드가 국가경쟁력이 되는 시대입니다.

세계 각국의 베스트 브랜드로 선정되면서 '2003년 글로벌 브랜드 세계 5위', '브랜드 가치 상승률 2년 연속 세계 1위'에 오른 삼성전자.

그러나 삼성전자는 여기에 머무를 수 없습니다.

60억 세계인구가 삼성전자라는 이름만 보고도 코리아를 사랑할 수 있도록 유럽으로, 미주로, 중남미로, 아시아로 더 열심히 뛰어다녀야 합니다.

코리아가 세계경제를 움직일 수 있는 그 날을 위해.

밖에서 나라를 키웁니다.

2004년의 삼성전자 이미지 광고 중 하나의 카피다. 이 카피에는 삼성전자의 브랜드 전략이 고스란히 담겨 있다. 첫째 세계적인 프리미엄 브랜드로서의 이미지를 확고히 구축하겠다는 것. "60억 세계인구가 삼성전자라는 이름만 보고도"라는 대목에는 그들의 미래전략과 자부심이 배어 있다. 둘째 브랜드 선호도를 제고하겠다는 것. "브랜드는 상품을 넘어 기업 그리고 그 나라까지 사랑하는 힘"이라고 말한 데에는 기업전략에서 브랜딩 작업이 얼마나 중요한지에 대한 인식이 담겨 있으며, 이미지 제고를 향한 의지와 다짐이 새겨져 있다. 셋째는 글로벌 리딩 브랜드로서의 위상확보다. 글로벌 브랜드 5위, 브랜드 가치 상승률 2년 연속 1위에 그치지 않고 글로벌 리딩 기업이 되겠으며 이를 통해 자랑스런 세계 속의 한국을 드러내겠다는 애국적인 결단이 드러난다.

일관성의 전략

'아이보리, 타이드, 크레스트, 팸퍼스, 그리고 이제 질레트 면도기' 까지. P&G는 생활이자 소비문화의 일상어다. P&G는 브랜드 구축의 명가다. P&G는 브랜드가 경영이고 전략이다. 소비자의 인지도가 높은 브랜드 제국 P&G의 브랜드 전략은 '3C' 다. 여기서 C는 Consistency, 즉 '일관성' 을 말한다.

'Consistency! Consistency! Consistency!' 일관성을 강조하기 위해 3번이나 반복하였다. 그만큼 브랜드 이미지는 구축하기도 힘들 뿐만 아니라 소비자의 가슴속에 있는 인식을 바꾸기도 쉽지 않다. 메시지든 이미지든 일관성 있게 지속적으로 반복하는 것이 효과적이다.

삼성전자는 '또 하나의 가족' 이라는 캠페인을 일관성 있게 연출하고 있다. 삼성전자가 이 캠페인을 처음 시작한 것은 1997년. 벌써 햇수로 9년째다. 3D 애니메이션으로 제작된 이 캠페인의 무대는 가정, 주연은 가족, 메시지는 '정(情)과 따뜻함' 이다. 삼성전자 제품들은 소품으로 등장하며 조연쯤의 역할을 수행한다.

삭막하기 쉬운 디지털시대일수록 가정과 가족은 더욱 소중한 행복의 보금자리이고 삼성전자와 제품들은 행복을 위한 소품으로서 늘 곁에서 함께하겠다는 감성적 메시지가 전해진다. 텔레비전이 귀하던 시절 이장 집에 모여 김일 선수의 박치기를 응원하던 장년세대부터 휴대전화와 디지털 카메라가 생활인 신세대에 이르기까지 모두를 아우르는 따뜻한 브랜드 광고다. 오랜 기간 동안 일관성 있게 펼쳐진 '또 하나의 가족'은 전 국민과 삼성전자를 하나의 가족으로 묶어 놓는 데 성공하고 있다.

프리미엄 전략

월마트와 델컴퓨터는 진출하는 나라마다 돌풍을 일으키며 성공을 거두었다. 그러나 우리나라에서는 예외였다. 'Every Day Low Price'를 표방한 월마트의 정책은 실패했다. 대신 이마트나 롯데마트의 '화(火)요일은 고기, 수(水)요일은 생선, 목(木)요일은 야채'는 성공했다. 델컴퓨터의 저가 PC나 노트북도 큰 힘을 발휘하지 못했다. 대신 삼성전자의 센스Q30은 239만 원의 고가인데도 불티나게 팔렸다. 화려한 와인컬러 외장에 명품 루이까도즈의 노트북 전용 가방을 함께 주는 프리미엄 전략이 그대로 먹힌 것이다.

블루블랙폰이 있다. 이건희폰, 벤츠폰에 이은 히트상품이다. 블루블랙이라는 세련된 컬러에 첨단기능이 부착되었다. 130만 화소 카메라는 캠코더 모드에서 4배 줌까지, 디지털 카메라 모드에서 7배 줌까지 가능하다. 여기에 근거리 무선통신까지도 자유롭게 할 수 있는 블루투스(Bluetooth), MP3, 동영상, 음악 등 각종 파일을 마음 놓고 저장할 수 있는 내장메모리 등 다양한 기능이 탑재되어 있다. 이 휴대전화는 각 나라에서 최고가에 팔린다. 삼성전자의 브랜드 전략은 기술과 디자인, 그리고 감성이 조합된 최고의 상품을 출시하고 제값을 받겠다는 프리미엄 전략이다.

'프리미엄 제품-판매증가-브랜드 가치 상승-수익성 향상-인재 확보-연구개발 투자-신상품 적기 출시-시장 선점-프리미엄 가격' 이라는 선순환 구조로 시장을 주도하겠다는 것이다.

논노, 조이너스, 페페 등은 한 시절 패션을 주름잡던 브랜드들이다. 지금은 사라졌거나 중심에서 멀어졌다. 저가 정책 때문이었다.

삼성전자 프리미엄 전략의 한 사례인 블루블랙폰. 전세계적인 히트를 기록한 블루블랙폰은
전세계인들이 갖고 싶어 하는 휴대폰의 대명사가 되었으며, 각국의 물가수준을 측정하는 척도로
사용되면서 '블루블랙폰 지수' 라는 용어를 탄생시키기도 하였다.

할인판매는 일정 부분 매출에 기여하지만 충성고객 이탈이라는 아픔이 있다. 브랜드 로열티의 악화는 판매부진, 수익성 악화, 저품질, 저가라는 악순환의 구조를 만들어 낸다. 성급하게 시장의 요구에 따라 갈대처럼 흔들려서는 명품이 탄생될 수도 없고 충성고객이 붙지를 않는다. 사랑과 마케팅은 애걸하면 달아난다.

글로벌 전략

애니콜은 글로벌 브랜드다. 2004년 말 유럽을 여행할 기회가 있었는데 내가 들고 다닌 애니콜은 유럽 사람들의 눈길을 사로잡았다. 자기들끼리 '잠중'(프랑크푸르트 공항에서 만난 사람들은 삼성을 '잠중'이라고 읽었다.) 또는 '애니콜'이라 부르며 부럽게 바라보는 것이었다.

애니콜은 초기에는 국내에서도 모토롤라에 한참 뒤지던 제품이었지만, 빠른 시간에 국내 정상을 석권한 뒤, 세계로 눈을 돌렸다. 애니콜이 글로벌 브랜드로 도약의 계기를 삼은 것은 올림픽마케팅이었다. '최고, 스피드, 일류, 페어플레이' 등의 정신을 추구하는 올림픽과 스포츠는 글로벌 브랜드 채널에 동참하는 최고의 계기가 되어 주었다. 1998년 나가노 동계올림픽의 무선 분야 파트너로 참가한 이래 삼성전자의 브랜드 가치는 매년 향상되었고 애니콜은 글로벌 브랜드로 도약하였다. 2004년 아테네 올림픽에서는 320평 규모의 삼성아테네 홍보관을 설치하여 200여 종의 최신 휴대전화를 전시하였고 대회진행요원, 기자단, 선수들에게 1만 4천여 대의 애니콜 휴대전화를 제공하여 손과 눈과 귀를 사로잡았다.

삼성전자는 2005년 7월 연간 5,700만 명이 드나드는 세계 3위 공항인 미국텍사스의 델라스 공항과 제휴를 하고 공동마케팅에 들어갔다. 공항의 모든 전자제품은 삼성전자 제품으로 채워졌다. 뉴스와 공항 현황을 제공하는 LCD 텔레비전을 비롯하여, 휴대전화, 현수막, 조형물 등 공항을 출입하는 모든 눈과 귀는 삼성전자 브랜드를 떠날 수가 없다. 이외에도 전 세계 26개 공항에 애니콜을 들고 있는 대형 '손 조형물'을 설치하여 글로벌 브랜드로서의 가치 향상을 실현하고 있다.

세계적인 글로벌 광고 에이전시 사치&사치의 CEO인 캐빈 로버츠는 그의 저서 《러브마크, 브랜드의 미래》에서 이제 '브랜드의 시대는 끝났다'고 말한다. 소비자들이 많은 정보로 무장하고 있으며, 충성도가 낮아지고, 예측하기가 어렵다며 '브랜드를 넘어 러브마크'가 되라고 충고한다. 브랜드가 생산자의 영역이라면 러브마크는 소비자의 영역이다.

캐빈 로버츠는 장수하는 브랜드를 분석한 결과 소비자들과 감성적으로 연결된 브랜드, 열렬한 사랑과 애정을 받는 브랜드만이 살아남는다며 '러브마크'가 되는 방법 3가지를 이렇게 정의한다. "신비로울 것(mysterious), 감각적일 것(sensual), 친밀감을 줄 것(intimate)."

4부

평천하 平天下

13 1등은 본능이다

2등은 기억하지 않는다

클래런스 챔벌린, 린드버그보다 2주 늦게 대서양 횡단 성공—.
하지만 아무도 2등은 기억하지 않는다.

아네스트 하퍼, 손기정에 이어 베를린 올림픽 마라톤 2위—.
하지만 아무도 2등은 기억하지 않는다.

닐 암스트롱에 이어 두 번째로 달 표면에 내려선 사람—.
하지만 아무도 2등은 기억하지 않는다.

많은 사람들이 기억하고 있을 삼성의 기업광고 카피다. 나부터
변하자는 신경영 2년차인 1994년, 세계 일류로 가야만 하는 당위

성과 그 구체적인 의지까지 담고 있는 이 끝고는 당시 많은 이들에게 강한 자극을 주었다. 역사가 증명하는 1등과 2등 사이의 커다란 차이, 이 캠페인성 광고의 배경에는 이건희 회장이 설파한 '1등과 2등론'이 있었다.

1등과 2등의 차이는 뭔가. 마라톤에서는 몇 분, 몇 십 분씩 차이가 나기도 하지만 100미터 경주에서는 0.01초밖에 차이가 나지 않는다. 그래도 금메달과 은메달은 분명히 다르다. 기업에서는 어떤가. 아무리 수십 년 연구해서 나온 개발품도 며칠 차이로 뒤지면 아무 소용없다. 올림픽에서 한 2등은 은메달이라도 목에 걸지만 기업 경쟁에서 2등은 아무것도 돌아오는 게 없다.

이면우 교수가 신사고이론에서 제창한 'GS-2이론, P-2이론'은, 2등은 아무 실속 없다는 재밌는 이론이다. GS는 고스톱(Go-Stop)을 말하고 GS-2는 고스톱에서 2등을 말한다. 위험부담을 안고 열심히 했는데 2등은 1등에게 돈을 줘야 한다. P는 포커를 뜻한다. P-2이론은 포커판에서는 2등이 가장 돈을 많이 잃는다는 것을 말한다. 1등과 막판까지 배팅을 했으니 그 손실 또한 미리 포기한 사람보다 클 수밖에 없다는 것이다.

1981년 GE 회장으로 부임한 잭 웰치는 '최고의 경쟁력을 갖춘 사업만 키운다'면서 1등 아니면 2등이 되라고 주문한다. 그렇지만 시장의 범위를 축소 정의하여 수치상의 1, 2위에 집착하지 말고,

글로벌 시장에서 초일류가 될 수 있도록 비약적으로 성장할 것을 요구한다. 현재 이익이 나더라도 다변화와 통합성, 그리고 시너지 효과에 부합하지 않는 사업은 "고쳐라, 매각하라, 아니면 폐쇄하라."고 지시한다. 거대한 공룡 GE는 70개 사업부를 정리하고 5년간 11만 5천 명을 해고하는 대대적인 구조조정을 통해 세계 1위 기업으로 다시 태어나게 된다.

골프의 1등과 2등

PGA나 LPGA의 경우 통상 나흘간 경기를 벌이며 타수로 계산하는 스트로크 방식을 채택한다. 매치 플레이 방식도 있지만 텔레비전 중계시간 등을 감안하여 4라운드로 챔피언을 뽑는다. 1라운드 72타를 기준으로 하면 나흘간 경기를 벌이니까 288타가 기준이다. 누가 몇 언더파를 쳤느냐에 따라 챔피언이 결정된다. 영광의 트로피를 안고 온몸에 스포트라이트를 받는 챔피언과 쓸쓸히 퇴장하는 2등은 몇 타의 차이가 날까?

2005년 마스터스 대회를 예로 들어 보자. 1등 타이거 우즈와 2등 크리스 디마르코는 나흘간 72홀의 접전을 벌여 12언더파 276타 동타를 기록하였다. 나흘간 경기를 벌였는데 1등과 2등의 실력 차이를 가름할 수 없었다는 말이다. 그러나 챔피언은 2명일 수 없다. 서든데스 연장전에 들어간 타이거 우즈가 황금 같은 버디를 기록

2005년 브리티시 오픈 챔피언십 우승컵을 안고 있는 타이거 우즈. 1등만을 기억하는 승부의 세계에서 그는 1등을 일구어내는 자신만의 전략을 가지고 있다.

하여 1등이 되었다.

288타를 기준으로 1타가 차지하는 비중은 0.35퍼센트. 보이지 않을 정도의 이 작고 미세한 실력 차이가 1등과 2등을 가르는 순간, 그들을 향한 대우와 권위는 하늘과 땅 차이로 벌어진다. 상금부터 차이가 나 2등에게는 1등의 50퍼센트만 지급된다. 마스터스의 경우 우승 상금이 120만 달러 내외에서 결정되므로, 2등은 60만 달러를 받게 된다. 4라운드까지 동점인 가운데 연장전에서 단 한순간의 작은 실수로 치르는 대가가 6억 원이 넘는 셈이다.

나이키를 비롯한 스폰서들은 선수가 챔피언이 되면 특별 보너스를 준다. 엄청난 홍보 효과에 대한 사례다. 대개의 경우 우승 상금의 100퍼센트를 주니까 나이키, 뷰익자동차, 아메리칸 익스프레스 등으로부터 받는 선수들의 보너스는 상상을 초월한다. 이밖에도 스폰서 계약금, 광고 모델료, 초청료 등 챔피언을 위한 금전적 대우는 일파만파로 확대된다.

그린재킷을 걸치는 챔피언의 대관식. 1등은 전년도 챔피언이 입혀 주는 그린재킷을 걸치고 클럽회원들의 축하파티를 주재하며 모든 이들로부터 축하를 받는 동안 2등은 라커룸에서 조용히 짐을 싼다.

골프 역사는 1등만 기록한다. 박지은 선수는 2004년 안타깝게 준우승만 7번을 했다. 그러나 지금 그것을 기억하고 있는 사람은 거의 없다.

역사는 1등만 기록하고 시장은 1등만 기억한다.

인생을 알면 승부가 약해진다

2005년 134회 브리티시 오픈에서 타이거 우즈가 우승하자 미국의 〈워싱턴포스트〉지는 존 페인스테인 칼럼을 통해 "타이거 우즈는 패자에 대한 배려가 없으며 관중들에게 무례하다."고 비판했다. 이 칼럼은 브리티시 오픈에서 은퇴하는 잭 니클로스를 예로 들며 "잭은 메이저대회에서 18번을 우승했고 19번을 준우승했다. 2위를 했을 때 한 번도 투덜대거나 불평하지 않았으며 운이 없었다고 말하지 않았다."고 하면서 "타이거 우즈는 경기가 잘 안 풀릴 때면 자신을 따라다닌 카메라 기자와 관중들에게 잘못을 돌리며 불평을 한다."고 했다. 덧붙여 타이거 우즈에게 먼저 인간이 되라고 충고까지 했다.

동료를 배려하고 관중에게 무례하지 말라는 지적은 옳다. 그러나 이 칼럼니스트는 잊고 있는 것이 있다. 프로페셔널의 세계와 당시의 경기 상황이다.

이번 브리티시 오픈이 열린 스코틀랜드는 이 대회에서 2위를 한 콜린 몽고메리의 고향이다. 즉 콜린 몽고메리의 홈구장이다. '몬티'라는 별명을 지닌 이 선수는 영국을 대표하는 간판선수인데 아직 메이저대회에서 우승한 적이 없다. 몬티가 선두권에서 타이거 우즈와 챔피언을 겨루자 다혈질인 스코틀랜드 사람들이 열렬한 응원을 했음은 불을 보듯 뻔한 일. 갤러리 중 몇몇은 몬티의 라이벌에게 야유까지 보냈다. 당연히 타이거 우즈의 아킬레스건을 건드리는 색깔이나 혈통까지 거론하며 압박을 가했다.

과연 그렇다면 적진에서 야유와 비난을 들으며 이기느냐 지느냐 의 싸움을 벌이는 프로선수는 여전히 동료를 배려하고, 자신에게 심한 야유를 하는 갤러리에게 예의를 갖추어야 하는가? 아니다. 그것은 승부사의 태도가 아닌 것이다.

일본 최고의 무사 미야모토 무사시는 "3살짜리 어린아이와 마주 설 때도 몸조심을 한다."고 했다. 승부에 임하는 프로의 자세가 어 떠해야 하는지를 말해준다.

아마추어의 세계에서도 승부는 비정하다. 88서울올림픽의 탁구 개인단식 금메달리스트 유남규는 팀의 동료이자 선후배인 안재형, 김택수의 이름을 노트에 적고 '죽인다' 라고 썼다. 모두의 기상시 간은 6시, 그러나 홀로 5시에 일어나 연습을 한 유남규는 5시 50분 다시 침대에 들어가 동료들과 함께 일어났다고 한다.

프로골퍼 리 트레비노는 "경기에서 이기는 자는 화도 잘 낸다. 페어웨이를 웃으며 걷는 자는 지고 있는 자다."라고 말했다. 인생 을 알면 승부가 약해진다.

타이거 우즈의 1등 전략

어린 시절부터 타이거 우즈는 1등이 생활이었다. 연령대별 골프 대회에서 타이거 우즈는 항상 우승했기 때문에 1등의 위치가 몸에 배었다. 습관이 된 것이다. 그럼에도 불구하고 타이거 우즈의 부모는 골프에서 월반(越班)을 시키지 않았다. 10세 부문에서 탁월한 실력으로 우승한 타이거 우즈는 12세, 13세 부문에서도 유력한 우승후보였으나 출전시키지 않았다. 만에 하나 패배를 했을 때 1등이라는 자부심에 손상을 입게 되고 좌절감을 경험하게 될 것을 염려한 판단이었다. 프로에 데뷔하는 시점도 1등이 될 수 있는가라는 치밀한 계산 끝에 선택했다. 타이거 우즈는 1등이 되기 위해 계획을 세웠고 준비를 했다.

타이거가 아는 최고의 전략, 연습

타이거 우즈는 "연습이 최고의 전략"이라고 말한다. 대회가 열리는 날 아침 일찍 타이거는 연습 그린을 찾는다. 퍼팅을 가다듬기 위해서인데, 아침 일찍 나서는 이유는 그린이 깨끗하고 프로들이 덜 몰려서라고 한다. 이어 연습장으로 가서 샷을 연습하고 라운드를 준비한다. 평소에는 늘 체력 단련으로 몸을 만들고 대회가 시작되면 철저하게 사전 준비를 한다.

압박하고 집중한다

골프는 예민한 운동이다. 조바심이 날수록 꼬이는 운동이다. 프로들이 선(禪) 수련을 하는 것도 평상심을 유지하기 위해서다. 어느 해 US오픈에서 스페인의 골프 신동 세르히오 가르시아는 타이거 우즈와 라운드를 하면서 손을 '폈다, 쥐었다' 하는 웨글 동작을

홀마다 40여 회씩 반복해 타이거 우즈의 신경을 거슬리게 했다. 여기에 말려들면 그날 게임은 가르시아가 주도하는 것이다. 그러나 타이거 우즈는 자신에게 집중했다. 상대가 웨글을 하건 말건 끝까지 평정심을 유지하며 자기 주도로 경기를 마쳤고 US오픈 챔피언에 올랐다.

게임이 시작되는 티잉 그라운드에 올라서면 선수는 악수를 하고 미소를 짓지만, 사각의 링에 올라선 복서처럼 눈싸움, 기싸움 등이 치열하다. 상대에게 압박을 가하는 것이다. 앞서 말한 대로 타이거 우즈가 라운드 마지막 날 입는 빨간색 티셔츠와 검정색 바지도 압박의 유니폼이다. 버디라도 한 번 기록하면 팔을 쳐들며 포효하는 세리머니도 본인에게는 환호의 포즈이지만 경쟁자에게는 압박이 되는 것이다.

Good To Great

타이거 우즈는 골프의 전설이 되겠다는 큰 꿈이 있다. 우선은 잭 니클로스를 넘어 골프 역사를 다시 쓰려는 욕망을 품고 있다. 우승이라는 'Good'을 넘어 골프의 전설이 되겠다는 'Great'가 있기에 타이거 우즈는 최후의 승자라는 이미지를 구축해 갈 수 있다. 라이벌들이 타이거를 잡기 위해 벼르고 있을 때 타이거의 눈길은 저 멀리 골프의 역사를 내다보며 미래를 그리고 있다.

나무를 향해 쏘는 화살보다 태양을 향해 쏘는 화살이 멀리 나가는 법이다.

초심을 잃지 않는다

히딩크 감독이 2002 월드컵에서 당면 목표인 16강을 달성한 뒤 "나는 아직도 배가 고프다(I'm still hungry)."라며 목표 지점을 수정한다. 승부에서 포만감은 최대의 적이다. 헝그리 정신으로 돌아간 히딩크는 이탈리아, 스페인을 넘었다. 4강 신화를 창조한 것이다.

타이거 우즈에게 결코 만족이란 없다. 돈이 목적이라면 벌 만큼 벌었다. 이름도 날렸고 명예도 얻었다. 그러나 타이거 우즈에게는 처음 마음이 있다. 골프를 통하여 천하를 제패하겠다는, 그리고 아프리카 흑인과 아메리카 인디언, 아시아인에게 희망이 되겠다는 초심의 자기 프로그램이 그것이다. 타이거 우즈에게 아직 만족이란 없다.

삼성전자의 1등 전략

히트 앤드 런

반도체 분야 1등 전략은 히트 앤드 런(Hit & Run), 치고 달리기다. 비메모리의 인텔, 삼성전자의 메모리, 파운드리의 TSMC 등 분야별 1위 업체들은 후발업체와의 격차를 벌려 놓으면서 치고 달리는 전략을 구사하고 있다.

삼성전자는 메모리 분야에서 세계시장 점유율 50퍼센트를 넘나

들며 한쪽에서는 대규모 투자를 통한 신상품 개발로 치고 나가고 다른 쪽에서는 원가경쟁력을 앞세워 후발업체가 따라올 수 없도록 가격정책으로 달아난다. 과감한 투자로 진입장벽을 구축하고 후발업체가 형성하는 전선(戰線)에는 이동장벽을 구축하여 2등이 따라붙지 못하게 한다.

히트 앤드 런 전략은 아무나 구사할 수 있는 것이 아니다. 2등을 비롯한 도전자들은 1등의 스피드에 눌려 따라붙기도 버거운데, 1등은 비축한 힘으로 공격적인 투자를 하고 가격정책으로 시장을 교란시킨다. 2등이 딜레마에 빠지는 이유가 여기에 있다. 1등을 잡으려면 투자가 불가피한데 확신이 없기 때문이다. 반도체 투자금액은 일단 규모가 10억 달러를 넘어선다. 위험한 승부에 선뜻 내놓기에는 규모가 너무 크다.

이런 반도체 싸움의 특징은 포커 게임에 비교되기도 한다. 1등이 모든 것을 선점하는 대신 2등은 모든 것을 잃기 십상인 것이다.

전선(戰線)이 따로 없다

삼성전자는 형식에 매이지 않고 실질을 추구한다. 삼성전자는 누가 아군이고 누가 적군인지 구분할 수 없다. 적(敵)과는 동침도 불사하면서 내부에서는 치열한 경쟁을 한다.

삼성과 소니는 치열한 경쟁자다. 그러나 기업의 미래가 담보되어 있는 특허를 양측이 공유한다. 기술에 살고 죽는 IT기업으로는 파격적인 결정이 아닐 수 없다. 탕정에 있는 액정표시장치(LCD)

삼성전자는 최근 세계 최초로 손톱만한 칩에 일간지 200년 분량의 정보를 한꺼번에 저장할 수 있는 50나노 16기가 낸드 플래시 메모리를 개발했다. 이 개발로 인텔의 65나노 회로공정 CPU 기술보다 앞선 반도체 기술을 확보했으며, 후발업체들과 최소 6개월에서 1년 이상의 격차를 벌릴 수 있게 됐다.

공장에 공동으로 투자하고 DVD 표준을 둘러싼 각축전에서도 공동전선을 구축한다. 서로의 이해관계가 맞아떨어지면 연합군이 된다. 삼성은 반도체의 스승이자 라이벌이라 할 수 있는 샤프와 LCD 부문에서는 공동보조를 구축한다. LCD의 선두주자로서 샤프와의 지나친 경쟁에 의한 불필요한 소모전을 그만두겠다는 것이다. 규격이 표준화되면 생산원가 절감, 납기 단축 등의 엄청난 효과가 있다. 휴대전화에서도 삼성과 노키아는 치열한 경쟁자이지만 차세대 정보통신을 위해서는 상호협력하고 있다.

반면 삼성SDI와 삼성전자는 유기발광사업(OLED)으로 물러날 수 없는 한판 승부를 벌이고 있다. 치열한 내부경쟁인 셈이다. 삼성전자 내에서는 서로 기술특허를 먼저 내려고 사업부간 경쟁이 치열하게 벌어지고 있다.

삼성전자의 1등 전략에는 적과 아군, 전방과 후방이 따로 없다. 물론 모든 전선의 목표는 승리다.

표준이 되어 시장을 장악한다

선마이크로시스템즈의 JAVA는 탁월한 성능에 비해 네트워크 규모에서 마이크로소프트의 윈도우에 밀린다. 윈도우가 IT의 표준으로 자리잡았기 때문이다. 탁월한 성능의 매킨토시가 더 널리 확산되지 못한 이유도 분야의 표준이 되지 못했기 때문이다. 이제 IT업계의 승부는 '선택과 집중'에서 '경쟁과 통합'의 방법이 대세를 이룬다. 표준에서 밀리면 더 넓고 강력한 곳으로 단숨에 흡수되어 버린다.

삼성전자는 1990년대 중반 일본 업체가 주도하고 있던 노트북 PC용 LCD에서 12.1인치를 새롭게 내놓아 업계의 표준으로 채택되었으며, 이후 14.1인치, 17인치, 19인치 등에서 업계 표준을 선도하며 탄탄한 1위를 구축한다.

요령보다는 정석이다

삼성전자의 1등 전략은 기술과 사람으로 승부를 내겠다는 정공법이다. 잔재주나 요령을 이용하거나 상대의 약점만을 노려 시작하는 승부법이 아니다.

최고의 무사로 존경받는 일본의 미야모토 무사시는 병법의 진수를 이렇게 말한다.

"사람들은 일반적으로 병법을 익힐 때 평소부터 맞받기, 엇갈리기, 빠져나가기, 뚫고 나가기 등의 잔재주만 배운다. 그러면 선수(先手)를 뺏기고 후수(後手)가 되어 상대에게 휘둘리기 십상이다. 병법의 길이란 곧고 바른 것이다. 바른 도리로써 상대를 몰아붙여 이기는 것이 중요하다."

편법과 요령은 한계가 있다. 잔재주로는 큰 승부를 감당하지 못한다. 삼성전자는 곧고 바른 길을 추구한다. 바로 '사람'과 '기술'이다. 삼성전자의 R&D 인력은 박사급 2,300명, 석사급 8,500명을 포함 2만 4천 명에 달한다. 이들은 삼성전자의 국내 인력 6만 2천 명 중 약 40퍼센트를 차지한다. 이 인재들이 새로운 기술개발에 매달린다. 밤낮을 잊은 채 연구하고 개발한 창의적인 고품질의 제품들이 세계시장에서 1위가 되는 것이다. D램, S램, 플래시 메모리, TFT-LCD, VCR, 모니터, 휴대전화, 컬러 텔레비전 등이 월드 베스트가 된 데에는 그들만의 큰 눈과 큰 생각이 있었다.

1등 지향은 태생적 본질

1등 지향은 삼성의 태생적 본질이다. 삼성에는 초창기부터 제일

제당, 제일모직, 제일합섬, 제일기획 등 '제일' 이라는 이름을 가진 회사가 많았다. 인재를 중시하는 그들의 전통도 사훈(社訓) 속에 '인재제일' 이라고 명시되어 있다. "삼성이 하면 다르다."는 말에는 일등 지향을 추구하는 그들의 본성과 자부심이 담겨 있다. 병원도 아파트도 골프장도 삼성이 하면 1등이 되고 표준이 되어야 한다는 그들의 원초적 의지가 드러난다.

삼성은 스포츠에도 관심이 많다. 치열한 경쟁과 승부가 펼쳐지는 이 세계에서도 그들은 전 종목에서 1등을 추구한다. 프로야구를 보자. 김응룡 사장에 선동렬 감독. 역대 최고의 타자를 프런트의 CEO에, 최고의 투수를 사령탑의 감독 자리에 앉혔다. 전년도 FA시장에서 최대 관심 선수였던 심정수와 박진만에게 최대 99억 원을 쏟아 부으며 스카우트했다. 그러고는 1등을 했다. 최고의 인재를 영입하여 최고의 실력으로 승부하겠다는 삼성의 1등 전략이 담겨 있다.

프로축구 수원삼성 블루윙스는 불세출의 축구 영웅 차범근이 감독이다. 여기에 김남일, 송종국 등 월드컵 주역들을 영입하여 2004 정규리그를 포함, 2005 삼성하우젠컵대회, 한중일의 챔피언들이 자웅을 겨루는 A3대회, 정규리그와 FA컵 챔피언이 맞붙는 슈퍼컵까지 4개 대회를 석권했다.

삼성화재 배구단 블루팡스는 1995년부터 프로초대 챔피언에 오른 뒤 리그 9연패라는 신화를 창조하고 있다. 김세진, 신진식, 김상우, 최태웅, 석진욱 등 호화 멤버는 국가대표 선발진과 흡사하다.

프로스포츠뿐 아니라 삼성은 육상, 승마, 태권도, 레슬링, 배드민턴, 탁구 등 비인기 종목도 육성한다. 올림픽은 이들의 무대다. 삼성은 올림픽에서 얼마나 국위를 선양할까? 삼성은 2004년 그리스올림픽에 9개 종목 34명의 선수단을 내보냈다. 삼성 소속 선수들이 딴 메달은 금메달 4개, 은메달 3개, 동메달 1개 등 모두 8개였다. 이를 국가별 순위로 환산하면 세계 19위에 해당하는 성적이다. 한 기업에서 세계 20위권의 메달을 따내는 보기 드문 기록을 창조하고 있다. 바로 1등 지향의 산물이다.

타이거 우즈와 삼성전자에게 1등은 본능이다. 1등 추구는 생활이고 습관이다. 타이거 우즈는 골프 황제, 삼성전자는 21세기 초일류 기업이라는 확고한 목표를 설정하고 혼신의 노력과 도전정신으로 자신의 세계에서 1등의 자리에 올랐다. 영원한 1등이 없는 치열한 경쟁시대에 그들은 태생적 본능인 1등을 석권하고 지키기 위해 도전을 멈추지 않는다.

그들은 늘 되새기고 있을 것이다. 작은 차이가 일류와 이류를 가른다고. 2등은 아무도 기억하지 않는다고.

14 정상에 서려면 바닥부터 다져라

성공의 요체 - 운(運), 둔(鈍), 근(根)

드라마 '영웅시대'에서 이병철 회장 역을 맡은 사람은 중견탤런트 정욱(鄭旭)이었다. 고(故) 이병철 선대회장과 교분이 있어 평소 쓰던 말투와 가깝고 사실감 있게 연기했다는 평을 받았다. 탤런트 정욱은 이 회장으로부터 값진 선물을 하나 받았는데, 바로 운(運), 둔(鈍), 근(根)이라고 쓰인 친필 휘호다. 운, 둔, 근은 무엇을 뜻할까? '호암어록'을 통해 그 안을 들여다보자.

자고로 성공에는 세 가지 요체가 있다고들 한다. 운(運), 둔(鈍), 근(根)이 바로 그것이다.

사람은 능력 하나만으로 성공하게 되는 것은 아니다. 운을 잘 타고 나야 하는 법이다. 때를 잘 만나야 하고, 사람을 잘 만나야 한다는 뜻이다. 그러나 운을 놓치지 않고 잘 타고 나가려면 역시 운이 다가오기를 기다리는 일종의 둔한 맛이 있어야 하고, 운이 트일 때까지 버티어 나가는 끈기라고 할까, 굳은 신념이 있어야 하는 것이다.

둔(鈍)과 근(根)이 따르지 않을 때에는 아무리 좋은 운(運)이라도 놓치고 말기 일쑤다.*

이병철 회장은 성공의 요체로 운, 둔, 근을 들었다. 운은 타고난 재능과 때를 잘 만나야 하는 타이밍의 중요성을 일컫는 말이며, 사람을 잘 만나야 한다는 뜻을 담고 있다. 둔은 기다림이다. 운이 다가오기를 절실하고 간절하게 기다려야 한다는 뜻이다. 근은 역경을 헤쳐 나가는 끈기와 신념을 말한다. 어려움이 닥쳐도 굴하지 않고 앞으로 나아가는 자세를 말한다.

타이거 우즈와 삼성전자가 골프와 IT의 황제로 등극하기까지에도 운, 둔, 근의 과정이 있었다. 재능이 있었고 기다림이 있었고 끈기와 신념이 있었다. 철저하게 바닥에서부터 출발하여 정상에 올랐다.

타이거 우즈는 걸음을 떼기 시작하던 생후 9개월부터 골프를 시작하였으니 금년으로 창업 30년인 셈이다. 신동 소리를 듣더니 골프천재가 되었다. 아마추어대회를 석권하고 프로에 데뷔하자마자 황태자 소리를 들었다. 2000년 메이저대회 4개를 연이어 석권하며 타이거 슬램(Tiger Slam)이라는 신조어를 만들었다. 골프 황제라고

---

*《호암어록: 기업은 사람이다》, 호암재단, 1997.

연호되기 시작했다.

삼성전자도 처음부터 반도체를 만들고 애니콜을 만든 것은 아니었다. 흑백 텔레비전, 그것도 생산이 아닌 조립부터 시작하였다. 기술이 축적되면서 깊이와 넓이가 생겨났고 단계별로 쌓아 올린 기술 수준이 각 분야로 확대되면서 컴퓨터로 반도체로 휴대전화로 모니터로 분야를 넓혀 갔다.

정상으로 가는 길, 그 출발은?

정상급 헤어 디자이너 박준의 출발은 미용실 보조원이었다. 그의 프랜차이즈 사업장 '박준 뷰티랩'의 홈페이지에는 프로필이 올라와 있는데 1972년 미용계 입문이 적혀 있고, 1980년까지는 깨끗하다. 이른바 바닥 생활이다. 바닥을 쓸고 허드렛일을 하면서 어깨 너머로 기술을 배우고 밤에는 미용학교에 다니면서 기술을 익히고, 돌아와서는 마네킹 가발과 씨름하며 배운 기술을 연마하던 시절이다. 그러나 이 시절이 있었기에, 그리고 이 시절을 남다르게 보냈기에 그는 헤어 디자이너의 정상에 오를 수 있었다.

기록의 사나이 장종훈이 2005년 9월 은퇴 경기를 치렀다. 기록은 깨어지게 마련이지만, 장종훈은 은퇴하기까지 프로야구 공격 부문에서 도루를 제외하고 안타, 2루타, 타점, 홈런 등 7개 부문 모두 신기록을 세웠다. 불명예스런 기록도 갖고 있는데, 삼진왕 부문

도 1등이다. 성공을 위한 도전에는 늘 위험요소가 잠재해 있음을
보여 주는 대목이다.

장종훈은 소속 프로팀에 스카우트된 선수가 아니다. 청주 세광
고를 졸업하고 프로팀도 대학팀도 오라는 곳이 없어, 빙그레 이글
스(현 한화 이글스)의 배성서 감독에게 눈물로 하소연한다. "선생
님, 저를 거두어 주십시오." 안타까움에 배성서 감독은 연봉 600만
원, 한 달 월급 50만 원의 '주전자 당번'으로 채용한다. '주전자'
는 주전들이 훈련할 때 물을 떠다 주고 볼을 날라야 한다. 훈련을
위한 연습시간 배정도 따로 없다. 남들이 훈련을 쉴 때, 그리고 잘
때 따로 시간을 내야 한다. 이 시간에 같이 쉬고 같이 자면 평생 주
전자다. 장종훈은 남들이 쉴 때 몸을 만들었고 남들이 잘 때 배트
를 휘둘렀다.

하늘은 스스로 돕는 자를 돕는다. 주전자에서 '자' 자를 떼고 그
는 주전(主戰)이 되었다. 주전 유격수가 부상으로 결장했을 때 장
종훈은 준비되어 있었다. 출장 사인과 함께 그는 꿈꾸던 그라운드
에 올라섰고, 정상급 플레이를 선보였다. 기록의 사나이 장종훈의
시작은 주전자였다.

일본의 다이스케 테라사와가 그린 만화《미스터 초밥왕》은 일본
에서만 1,000만 부 이상 팔린 베스트셀러다. 우리말로도 출판되었
는데 연령, 성별을 초월하여 선풍적 인기를 모았다. 특히 기업의
최고경영자들이 사원들에게 추천하는 도서로 선정되어 화제가 되
기도 했다. 신라호텔에서는 사내 교육 교재로 이 책을 채택하기도

했다. 주인공이 초밥을 만드는 과정에 장인정신이 깃들어 있고, 고객을 먼저 생각하는 서비스 정신의 진수가 담겨 있어서 사원들의 필독서로 선정했다고 그 배경을 설명했다.

초밥왕 쇼타의 시작은 세상의 모든 위대한 시작이 그렇듯이 홀 서빙부터였다. 주방 보조원으로 들어가기까지 1년 동안 배달, 접시 닦기, 청소 등 바닥에서부터 출발했다. 주인에게 성실함을 인정받아야 다음 단계인 주방에 들어갈 수 있는데, 주방에 들어간다고 해서 바로 꿈의 무대에 서는 것은 아니다. 씻고 다듬는 온갖 허드렛일을 도맡아 해야 한다. 피눈물 나는 이 과정을 거치지 않으면 다음 단계인 조리대에 설 수 없다.

홀 서빙에서부터 시작한 미스터 초밥왕처럼 정상으로 가는 출발점은 늘 밑바닥이다. 그런데 그들은 그 밑바닥을 다르게 생각했고, 다르게 이겨냈고, 다르게 디자인했다.

타이거 우즈는 황제로 태어나지 않았다

골프 잡지 〈골프 다이제스트〉는 2003년 '골프계에서 가장 영향력이 큰 사람(The most powerful people in golf)' 18인을 선정 발표했다. 타이거 우즈가 1위, PGA 투어 팀 핀첸 회장이 2위, 마스터스 대회가 열리는 오거스타 GC의 후티 존스 회장이 3위에 선정되었다. 잭 니클로스는 7위, 아놀드 파머 10위, 그리고 LPGA의 아니카 소렌스탐이 14위에 랭크되었다.

타이거 우즈는 골프계에서 가장 영향력 있는 사람이다. 타이거 우즈의 등장으로 골프 관련 텔레비전 채널 시청자가 2배로 늘었다. 그리고 PGA 투어의 상금이 250퍼센트나 상승했다. PGA 투어는 50개 내외의 경기를 벌이는데, 1년 12달 쉬는 주(週) 없이 계속 돌아간다. 골프라는 콘텐츠가 이렇게 인기몰이를 하게 된 데에는 타이거 우즈라는 황제가 있기 때문이었다.

타이거 우즈는 황제로 태어난 것이 아니다. 백인들이 지배하는 세상의 변방 출신이었다. 그저 어린 나이에 골프에 가능성을 보인 것이 그 시작이었다. 골프 신동(神童)에서 천재(天才)로 육성되고 황태자(皇太子)가 되었으며 황제(皇帝)의 반열에 오른 그이지만, 그 시작은 미약하기 그지없었다.

재능의 발견

생후 9개월 타이거 우즈는 아버지 얼 우즈가 골프연습장에서 잠시 쉬고 있을 때, 볼을 티에 올려놓고 클럽을 한 번 웨글하고 타깃을 응시하고 다시 웨글하고 그리고 스윙을 하였다. 볼은 네트에 직각으로 꽂혔다. 처음으로 골프클럽을 잡은 이때부터 공식대회인 주니어 월드대회에 출전하기 시작한 8살까지, 타이거 우즈는 골프에 재능을 보여 주었으며 가능성의 싹을 키워 갔다. 24개월이 되던 1977년 마이클 더글러스 쇼에 출연하여 코미디언 봅 호프와 퍼팅 테스트를 벌였고, 3세에 나인 홀에서 48타를 기록했다. 그리고 5

세에 정규코스 18홀에서 90타를 기록하였다.

타이거 우즈를 일컬어 '골프 지진아'라고 한다면, 제 정신이 아니라고 할 것이다. 그러나 커리어로만 계산하면 그의 골프 실력 향상은 무척 더딘 편이었다. 좀 무리가 있는 비교일 수 있겠지만, 생후 9개월에 골프클럽을 잡은 타이거 우즈가 정규코스 18홀에서 90타를 기록한 것이 5세였으니 무려 50개월이나 소요됐다. 사람마다 완급의 차이는 있지만 주말 골퍼의 경우 1년 정도면 1백 타를 깨고 2년이면 보기플레이어가 되는 것에 비하면 상당히 긴 시간이 걸린 셈이다.

어쨌거나 이 기간은 골프의 탄탄함을 다지는 소중한 시간이다. 이 기간에 충실했던 타이거 우즈는 숏(Short) 게임에 능숙하다. 아장아장 걸어 다닐 나이에 고사리 손으로 스윙하는 드라이브가 얼마나 나가겠는가? 어린 나이의 타이거 우즈는 드라이브의 약점을 어프로치와 퍼팅으로 만회할 수밖에 없었다. 천하의 타이거 우즈도 90을 깨는 데 50개월이 걸렸다. 그에게 이런 바닥에서의 경험과 난관은 소중한 경험이 되었다.

골프 천재

타이거 우즈가 삶의 진로를 골프로 확정한 시기. 9살 타이거 우즈의 방은 온통 잭 니클로스의 기사와 사진으로 도배되다시피 했다. 잭 니클로스가 되는 것이 1차 목표, 그리고 잭 니클로스를 능가하는 것이 최종목표였다. 목표가 이끄는 삶이 시작된 것이다.

아버지 얼 우즈는 월반(越班)을 시키지 않는다. 샘 스니드, 존 델리 등 최고 고수들과의 이벤트성 대결은 시야를 넓히고 자신감을 배양할 수 있도록 참가시켰으나, 공식대회만큼은 철저하게 비슷한 또래의 아이들과 함께했다. 아들에게 자신과 대항할 적수가 없다는 무적의 제왕학(帝王學)을 심어 주고자 한 것이다. 될성부른 나무라고 급히 키운 것이 아니라, 바람에 흔들리지 않도록 뿌리 깊은 나무로 키운 것이다. 8살에 주니어 월드대회 8세부 우승, 9살에 주니어 월드대회 9세부 우승, 12살에 주니어 월드대회 12세부 우승 등 성장단계에 따른 최고의 성과를 구축하여 그는 골프천재의 명성을 얻게 된다. 탁월한 재능을 지닌 골프천재, 그에게 필요한 것은 단계축소와 월반이 아니라 오랜 숙성이었던 것이다.

골프 황태자

그가 골프 황태자의 반열에 오른 것은 스탠포드에 입학한 1994년이다. 세상은 타이거 우즈를 골프의 차세대 리더로 주목한다. 데뷔무대는 US아마추어오픈. 결승전에서 오클라호마 대학의 졸업반 트렙 쿠넨과 36홀 매치 플레이로 경기가 펼쳐졌다. 초반전은 13개 홀에서 7개의 버디를 잡은 쿠네의 압도적 리드였다. 36홀 중 24홀이 경과된 시점까지 여전히 쿠네는 5홀을 앞서고 있었다. 경기임원, 기자들 심지어 아버지 얼 우즈까지 고개를 가로젓고 있었다. 그러나 타이거 우즈의 진가는 이때 드러난다. 쿠넨을 계속 몰아붙이더니 34번째 홀에서 드디어 동타를 만들고 35번째 홀에서 회심의 일격을 날린다. 경기가 끝날 때까지는 아직 승부가 결정된 게 아니라는 타이거의 눈초리와 의지가 트렙 쿠넨을 압도한 것이다.

흥미진진하게 진행된 이 게임은 미국을 흔들어 놓았다. 백악관의 클린턴 대통령이 축하편지를 보내고, 나이키의 필 나이트 회장과 IMG의 마크 맥코맥 회장은 타이거 우즈라는 빅 모델 영입을 확정하며, 고향인 사이프러스 시(市)에서는 카퍼레이드와 대대적인 환영파티가 준비된다. 황태자는 내리 1995년, 1996년 아마추어 오픈 3연패라는 전무후무한 기록을 달성하고 프로에 데뷔한다.

골프 황제

2000년 타이거 우즈는 US오픈, 브리티시 오픈, PGA챔피언십을 우승하고 2001년 마스터스까지 내리 4연승을 거두는 초유의 기록을 세운다. 언론에서는 전대미문의 이 기록을 위해 '타이거 슬램'이라는 신조어를 만들었고 이 말로 헤드라인을 장식했다.

타이거에 의해 골프역사가 새로 쓰여지는 순간, 타이거 우즈에게는 골프 황제라는 칭호가 수여되고 타이거는 최고의 대우를 받는다.

그리고 황제는 시장의 크기를 키운다. 상금액수, 초청료, 중계방송 금액, 이벤트 대회 등에서 규모와 개념을 확장한다. 경쟁자들은 물론 모든 관련 업계 사람들은 우즈의 우산효과를 직간접적으로 누리고 있다. 나이키, 아메리칸 엑스프레스 카드, 디즈니랜드, 뷰익자동차 등 스폰서들은 타이거로 인해 이미지 제고와 매출 증대로 대박을 터뜨렸고, 가족, 스승, 캐디 등도 최고의 반열에 오른다. 당시 그의 스승 부치 하먼은 코치 부문 만년 1위였던 데이비드 리드베터를 누르고 〈골프 다이제스트〉 선정 코치 부문 1위에 랭크되었고, 캐디 스티브 윌리엄스는 황제의 스태프답게 많은 천문학적인 수입을 올린 것은 물론 광고모델로까지 발탁된다.

타이거 우즈와 동시대에 살고 있는 골프팬들은 행복하다. 24개월 때 골프 애호가인 봅 호프와 텔레비전에서 퍼팅을 겨루는 모습을 본 이후, 그의 성장하는 모습을 지켜보며 신동에서 천재로, 다시 황태자로, 그리고 황제로 등극하기까지의 과정을 경이롭게 지켜보고 있으며, 그에 의해 새로 쓰여지는 골프 역사의 산 증인이 되는 기쁨을 누리고 있기 때문이다.

수신제가치국평천하, 삼성전자

기업에도 명예의 전당이 있다. 경제주간지 〈포천〉이 선정하는 '세계에서 가장 존경받는 기업(World's Most Admired Companies)'이 그 가운데 하나다. 〈포천〉은 세계적 기업의 최고경영자와 임원, 애널리스트들을 상대로 한 설문조사를 토대로 기업을 평가해 매년 글로벌 올스타 기업을 선정한다. 선발은 까다롭다. 매출액과 시가총액 등 겉모습만 보는 것이 아니다. 혁신성, 핵심인재, 투자가치, 제품과 서비스의 질, 사회적 책임, 경영의 질, 글로벌화, 기술개발과 투명성 등을 속속들이 평가한다.

삼성전자는 2005년 한국기업으로서는 처음으로 글로벌 올스타에 선정되었다. 한국을 대표하는 기업에서 글로벌 스타기업으로 명예의 전당에 입성한 것이다. 현재의 실력과 미래의 가치를 인정받아 초일류가 된 그들은 한국역사에서 가장 빛나는 평천하(平天下)를 실현해 내고 있다.

삼성전자는 벼락 성장한 것이 아니다. 스텝 바이 스텝, 단계별 성장의 과정을 밟았다. 수신제가치국평천하(修身齊家治國平天下)의 단계를 거쳤다. 수신-자립기반 구축, 제가-기업체질 강화, 치국-탁월한 경쟁력과 확고한 발판 마련, 평천하-글로벌 경쟁력을 갖춘 초일류기업이라는 성장 테마가 있었다.

반도체 개발의 성장사도 64K의 개발에서 256K로, 1메가-4메가-16메가-64메가-256메가 등의 성장을 거쳐 기가의 단계로 접어들게 된다. 처음에는 미국과 일본에서 배웠고, 어느 시점부터는 그들과 피나는 경쟁을 했으며, 16메가 D램부터는 그들을 따돌렸다.

애니콜의 성공에는 그들의 성장단계별 전략이 숨겨져 있다. 모토롤라가 국내시장의 70퍼센트 이상을 점유하던 1994년, 삼성전자 애니콜은 '한국지형에 강하다'는 슬로건으로 그들의 출발을 알렸다. 시장에서 확고한 발판을 구축할 무렵에는 '언제 어디서나 한국인은 애니콜'로 바꾸었고, 지금은 '디지털 익사이팅 애니콜(Digital Exciting Anycall)'로, 자유롭고 거칠 것 없는 애니콜의 위상, 디지털 세상을 평정한 애니콜의 자부심을 표현하고 있다.

〈비즈니스 위크〉와 인터브랜드가 발표하는 2005년 브랜드 가치 평가에서 삼성전자는 20위로 소니를 앞질렀다. 지금부터 6년 전인 1999년도에는 75개 기업을 선정하는 순위에도 들지 못했지만, 매년 한 단계 한 단계 성장하여 마침내 소니를 추월하였다. 2000년 52억 달러(43위)로 처음 순위에 랭크된 이래, 2001년 64억 달러(42위), 2002년 83억 달러(34위), 2003년 108억 달러(25위), 2004년 125억 달러(21위), 2005년 149억 달러(20위)로 삼성전자는 끊임없이 성장하고 있다. 바닥 단계를 남다르게 극복한 삼성전자. 걸음마로 시작한 그들의 성장은 이제 단계별 성장의 과정을 넘어 폭발적 성장을 꿈꾸고 있다.

나무를 봐라, 전략이 보인다

작은 씨가 뿌리 깊은 나무가 되어 꽃을 피우고 열매를 맺어 수많은 사람을 이롭게 하듯이 타이거 우즈와 삼성전자의 작은 씨앗은 큰 나무가 되어 꽃으로 열매로, 그리고 그늘이 되어 수많은 사람들의 안식처와 희망이 되고 있다. 이건희 회장은 2005년 신년사에서 이렇게 말했다.

"우리의 미래를 결정지을 신수종(新樹種) 사업을 찾아 희망의 씨앗으로 키워 나가고 여기에 우리의 역량과 지혜를 모아야 합니다."

15 월드 베스트, 온리 원

장정이 월드 베스트에 오른 이유

홍 코너, 신장 170센티미터, 드라이버 평균 비거리 267야드 세계 3위, 세계 최저타 59타 기록 보유, 75회 우승에 빛나는 아니카 소렌스탐!

청 코너, 신장 152센티미터, 드라이버 평균 비거리 245야드 세계 82위, 148경기 출전에 아직 승수 없는 장정!

2005년 7월 31일, 영국 사우스포트 로열 버트데일 골프클럽에서 개최된 미 LPGA 메이저대회인 브리티시 오픈 챔피언 조(組)에 세계 최강 아니카 소렌스탐과 장정이 나란히 섰다. 소렌스탐은 결승전의 저승사자로 불리는 명장, 맞수 장정은 아직 1승도 기록하지 못한 무명. 그러나 골리앗에 맞선 다윗처럼 장정은 그 작은 체구로 '골프의 여제(女帝)', 아니카 소렌스탐을 꺾는다.

장정의 브리티시 오픈 우승은 그녀의 이름 그대로 대장정(大長征)이었다. 1999년 미 LPGA에 진출한 이후 단 1승도 기록하지 못한 채 주변에서 겉돌았던 장정. 작은 키, 짧은 비거리, 평범한 캐릭터에 승수조차 없으니 프로의 버팀목인 스폰서가 붙지 않았다. 투어 프로골퍼가 경기 걱정에 경비 걱정까지 해야 했으니 힘겨운 생활이 아닐 수 없었다.

다른 선수들은 투어가 열리는 다음 장소에 비행기로 이동하여 컨디션을 조절하는 동안 장정은 이동경비를 절약하기 위해 큰언니가 운전하는 자동차에 몸을 실었고 길에서 라면을 끓여 먹었다. 스폰서가 있는 프로들은 브랜드가 붙어 있는 옷과 모자가 철따라 색색대로 나왔지만, 장정은 입을 옷과 모자까지 챙겨야 하는 외로운 투어생활을 해야 했다.

영국의 BBC 방송 골프캐스터는 장정이 브리티시 오픈에서 우승하자 "작은 장정의 얼굴에 LPGA의 큰 웃음꽃이 피었다."라는 인상 깊은 멘트를 선사했다. 그의 말대로 장정의 브리티시 오픈 우승은 무관의 설움을 단번에 날리는 쾌거였다. 그녀는 금년도 7승에 빛나는 아니카 소렌스탐과의 결승전에서도 흔들리지 않았다.

장정의 우승 비결은 무엇이었을까? 어떻게 세계최강과의 대결에서 이길 수 있었을까? 장정은 누구의 골프도 아닌 자신의 골프를 했기 때문에 이겼다. 장정만이 갖고 있는 '온리(Only) 1' 전략으로 월드 베스트가 된 것이다.

장정의 온리 1 전략을 살펴보자.

자신의 강점을 살려라

피터 드러커는 "자신의 약점을 보완해 봐야 평균밖에 되지 않는
다. 차라리 그 시간에 자신의 강점을 발견하여 이를 특화시켜 나가
는 편이 21세기를 살아가는 전략"이라고 말했다. 장정은 브리티시
오픈에서 자신의 강점을 살려 경기를 펼쳤다. 장정의 미 LPGA 기
록(2005년 8월 10일자)을 보면 드라이버 비거리는 245야드로 하위
권에 랭크되어 있다. 그러나 드라이버 정확도 12위, 버디 3위, 라
운드 당 언더파 6위, 샌드 세이브 6위, 퍼팅 13위로 상위권에 포진
되어 있다. 장정은 비거리가 약점이고 정확성이 강점이다. 자신의
약점인 비거리를 보완하기보다는 강점인 정확성을 살리기 위하여
그녀는 '또박또박' 골프, 온리 1 골프를 쳤다.

발상을 전환하라

장정의 캐디 백에는 드라이버를 포함하여 우드클럽만 5개가 들
어 있다. 일반적인 프로들의 클럽 조합과는 전혀 다르다. 롱 아이
언을 제거하고 1번, 3번, 5번, 7번, 9번 우드로 무장을 했다. 드라
이버 비거리가 짧아 거리도 확보하고 방향도 맞추는 두 마리의 토
끼를 잡기 위해 발상의 전환을 한 것이다. 클럽에 자기의 골프를
맞춘 것이 아니라, 자기만의 골프를 위해 클럽을 자기 몸에 맞춰
최적화한 것이다.

비교하지 말고 자신을 믿어라

결승전에서 맞붙은 아니카 소렌스탐은 관록과 경험이 있는 베테랑이다. 소렌스탐의 평균 비거리는 270야드. 장정보다 무려 30야드 이상 멀리 나갔다. 프로들도 이 정도 거리 차이가 나면 기가 죽는다고 한다. 그러나 장정은 비관하지 않고 자신만의 또박또박 골프를 쳤다. 소렌스탐이 파5홀에서 2온을 시도해도 장정은 '너 해라' 하는 듯한 무반응으로 3온으로 안전하게 골프를 쳤고, 소렌스탐이 말을 걸어도 쳐다보지도 않고 대꾸도 하지 않았다. 장정이 자기만의 온리 1 골프로 시종일관하자 자기페이스를 잃은 것은 아니카 소렌스탐이었다. 16번 홀 보기, 18번 홀 더블보기를 기록하며 스스로 무너졌다.

절실한 테마가 있었다

장정에게는 절실함이 있었다. 그것은 선물 준비였다. 그녀는 브리티시 오픈을 마치고 귀국할 스케줄을 잡아 두고 있었다. 고향에 갈 때 우리는 사랑하는 가족들에게 줄 선물을 준비한다. 장정도 같은 심정이었다. '나를 기다리는 부모님과 언니들에게 선물을 준비하자. 메이저대회 우승컵을 안고 고향에 가자.' 사랑하는 가족들에게 빈손으로 갈 수 없다는 간절함은 그녀에게 우승컵을 안겨 주었다.

장정의 브리티시 오픈 우승은 우리 모두에게 돌파구를 여는 방법을 보여 준다. 작은 키, 짧은 비거리, 선명한 캐릭터도 없고, 도와줄 스폰서도 없는 무명 선수. 그러나 그녀에게는 한 줄기 희망의 빛이 있었다. 다른 사람에게는 없는 나만이 갖고 있는 온리 1, 그것은 자신만의 핵심역량이고 차별점이며 무기다. 아니카 소렌스탐이 장신과 비거리로 승부를 하는 장검(長劍)의 전략을 갖고 있었다면, 단신의 장정은 정확성을 생명으로 하는 단검(短劍)의 전략을 갖고 있었다. 그리고 단신의 파이터 장정은 온리 1 단검 전략으로 홍 코너의 챔피언 아니카 소렌스탐을 물리치고 월드 베스트가 되었다. 모든 전략, 전술, 전투는 내 안에 이미 숨겨져 있다. 온리 1로 승부하라.

타이거 우즈의 내 생애 최고의 샷

2005년 4월에 개최된 제69회 마스터스 대회에서 '월드 베스트' 가 탄생하였다. 타이거 우즈가 마스터스 4라운드 16번 홀에서 친 버디 칩샷이 바로 그것이다. 마스터스 대회 측은 이 샷을 '69년 대회 역사상 최고의 샷' 으로 선정하였고, 언론은 '신(神)의 입김, 신기(神技)의 칩샷' 이라며 흥분했다. 타이거 우즈도 '내 생애 최고의 샷' 으로 꼽았다.

당시 상황은 다음과 같다. 3타 차로 마지막 라운드를 여유 있게 출발한 타이거 우즈는 막판 크리스 디마르코의 추격으로 1타를 리드한 채 16번 홀 179야드의 파3홀에 섰다. 타이거 우즈의 티샷은 그린을 12미터나 빗나가 러프에 빠졌고 크리스 디마르코는 홀 3미터에 볼을 붙이며 버디 기회를 잡았다. 동타 아니면 역전까지 당할 수 있는 상황이었다. 더욱이 이날 비슷한 위치에서 칩샷을 시도하다 필 미켈슨이 더블보기를 당했기 때문에 갤러리들은 술렁거리기 시작했다. 이리 보고 저리 보고 하며 연습 스윙으로 감을 잡은 타이거 우즈는 마침내 회심의 칩샷을 날린다. 골은 홀로부터 8미터 거리에 떨어진 뒤 경사진 그린을 내려와 홀 앞에서 잠시 멈추었다가, 깃대가 꽂힌 홀 안으로 떨어져 버디를 안겨 주었다. 믿을 수 없는 곡예가 펼쳐졌고 타이거는 포효했다.

월드 베스트 칩샷은 타이거 우즈에게는 우승의 견인차가 되었고 암 투병을 하는 아버지이자 스승인 얼 우즈와 갓 결혼한 신부 엘린에게는 잊지 못할 감동의 선물이 되었다.

이 샷에 가장 환호작약한 곳은 스폰서인 나이키였다. 타이거가 사용한 나이키 원 플래티넘 볼이 마치 의도적으로 연출이라도 한 듯 나이키의 상징 로고를 선명하게 드러내며 잠시 머물다가 홀에 빨려 들어가 극적인 광고효과를 보여 주었기 때문이다. 〈월스트리트 저널〉은 이 샷이 금전으로 환산할 수 없는 대박을 나이키에게 안겨 주었다고 전했다. 그렇다면 타이거 우즈의 '내 생애 최고의 샷'은 어떻게 만들어졌을까?

그것은 과학이었다

거리를 산정하고 공간의 경사도를 측정하고 여기에 볼의 속도를 대입하여 변곡점과 타구의 캐리와 런을 산출한 것은 난해한 고차 방정식이었다. 타이거 우즈는 목표로 하는 홀과는 다른 엉뚱한 곳으로 오조준(誤照準)을 하였다. 그러나 이는 한 치의 오차도 허용하지 않은 정밀한 과학이 산출한 정조준(正照準)이었다.

그것은 기술이었다

숙련된 장인의 손놀림은 경험과 훈련의 산물이다. 타이거 우즈는 볼과 홀의 거리 12미터에, 날아가는 캐리(Carry)와 굴러가는 런(Run)의 비율을 계산했고, 각각 4미터의 캐리와 8미터의 런을 선택했다. 또 4미터의 짧은 거리에 강력한 백스핀을 걸어 주어야 볼이 굴러가면서 방향이 전환되는데, 타이거 우즈는 정교한 손놀림에 파워를 실어 90도로 꺾어지는 백스핀을 걸었다. 놀라운 손놀림이었고 최고의 기술이었다.

그것은 모험심으로 창조한 예술이었다

1타 차의 긴박한 상황이라면 보통의 전략은 파로 막는 것이다. 디마르코가 버디를 하면 동타, 파를 하면 여전히 1타 리드라는 계산이 나오기 때문이다. 그러나 타이거 우즈는 이를 뛰어 넘어 예술의 경지로 명장면을 창조했다. 골프 황제의 디자인 능력과 스케일이 여실히 드러난 최고의 경지였다. 하나의 골프스윙을 예술의 경지로 끌어올린 것이다.

그것은 작품이었다

타이거 우즈는 오거스타 GC에서 필드교향곡을 지휘하는 마에스트로였다. 지휘자는 포효했고 갤러리들은 열광했으며 텔레비전으로 지켜보던 골프팬들은 황홀했다. 인터넷을 통해 두고두고 이 명장면을 다시 보는 많은 사람들이 타이거 우즈와 같은 시대를 살아간다는 것에 행복감을 느낀다고 한다. 타이거 우즈의 월드 베스트는 많은 사람들에게 깊은 감동을 주는 위대한 작품이었다.

생애 최고의 칩샷, 월드 베스트로 인해 타이거 우즈는 세계 1위에 올라섰다. 가족에게는 영광의 선물을 안겨 주었으며 스폰서인 나이키에는 엄청난 마케팅 기회를 제공했다. 골프를 사랑하는 팬들에게는 깊은 감동을 전해 주었다. 모두에게 풍요로움과 이익을 안겨 주고 시장에 감동을 준 골프 황제가 연출한 진정한 월드 베스트 샷은 이와 같은 조건 속에서 창조되었다.

삼성전자의 월드 베스트 전략

한 우물파기, 격물치지
옛날 어느 동네에 우물을 잘 파는 전문가가 있었다. 다른 사람들은 몇 번씩 실패를 하고 나서야 겨우 우물을 팠는데, 그 사람은 땅을 팔 때마다 물이 솟았고 우물을 만들었다. 사람들은 그에게 비결이 무엇인지 물었다. 그에게는 우물을 파는 특별한 비결이 있을 것이라고 생각했기 때문이다.

"간단합니다. 저는 우물을 팔 때면 항상 물이 나올 때까지 계속해서 파 내려 갑니다. 그러니 파는 곳마다 우물을 만들 수가 있지요."

삼성전자의 월드 베스트 전략에는 한 우물파기 전략이 있다. 삼성전자를 총괄하는 윤종용 부회장은 '격물치지(格物致知)'의 리더십을 보여 준다. 《대학》에 나오는 격물치지는 '사물의 이치를 연구하여 지식을 완전하게 한다'는 실험과 연구개발에 대한 의지의 표현이다. 어느 인터뷰에서 밝힌 윤 부회장의 격물치지에 대한 소견이다.

"저는 임직원들에게 사서오경 중 《대학》에 나오는 '격물치지'를 자주 강조합니다. 무엇이든 한 가지에 깊이 몰두하고 연구하는, 다시 말해 실제로 만져 보고, 느껴 보고, 경험해 보고, 토론해 보고, 끊임없이 관심을 가져 비로소 어떤 것을 알게 되는 상태를 의미합니다. 요즘처럼 끊임없이 변화하는 환경에서는 이런 자세가 필요합니다."

발명왕이자 GE를 창업한 에디슨이 전구를 발명하기 위해 설립한 필라멘트 실험실에는 'TA'라고 쓰여 있는 메모가 많이 발견되었다. '다시 해 봐(Try Again)'라는 뜻의 약자다. 필라멘트 개발은 한두 번의 시도로 얻어진 것이 아니다. 끝까지 한 우물을 파겠다는 끊임없는 실험의지가 성공의 원동력이었다.

월드 퍼스트, 월드 베스트

권위 있는 국제적인 학회에서 발표된 논문은 해당업체의 특허 및 업계의 표준으로 연결되기도 한다. 특히 VLSI(Very Large Scale Integration) 같은 권위 있는 학회의 경우 발표논문으로 채택되는 순간 업계의 표준이 되고 특허로 인정되기에 여기에 채택되기 위한 업체 간 경쟁이 치열하다. VLSI 학회는 1981년 창설되어 매년 6월 미국과 일본에서 번갈아 개최되며, 한 해 동안 세계 각국의 반도체 업계 및 학계에서 응모된 논문 중 가장 뛰어난 성과를 보인 논문을 선정해 발표하는 반도체 분야 세계 최고 권위의 학회다.

2005년 VLSI 심포지엄은 일본 교토에서 개최되었다. 여기에서 삼성전자는 17편의 논문이 채택되었다. 업체들 가운데 가장 많은 수의 논문이다. 뒤를 이어 IBM 11편, 도시바 9편, 인텔 및 히타치 각각 7편을 포함, 총 178편의 논문이 선정됐다. 삼성전자는 VLSI 학회에서 3년 연속 최다 논문이 선정됨으로써, 세계 최고의 기술력을 다시 한 번 입증했다. 삼성전자는 세계 최고 권위의 VLSI 심포지엄에서 차세대 핵심 반도체 기술을 경쟁업체보다 빠르게 선보이며 반도체 분야를 선점하고 있다. 월드퍼스트(World First) 전략으로 월드 베스트(World Best)를 노리고 있는 것이다.

No Pains, No Gains

고통(Pains)이 없으면 얻는(Gains) 것도 없다. 한국의 역사적 베스트는 유배지에서 탄생하기도 했다. 다산의 《여유당 전서》와 정약전의 《자산어보》는 유배지 강진과 흑산도에서 탄생했다. 유배지 제주도에서 그린 추사의 세한도(歲寒圖)는 국보 180호다. 추사는 평생 벼루 8개를 뚫었고 몽당붓 1,000개를 만들었다. 유배지의 고통은 명품을 만들어 냈다. 고통이 없으면 얻는 것도 없다.

1995년 3월 19일 삼성전자 구미사업장에서는 그 유명한 '불량 제품 화형식'이 있었다. 2,000여 명의 임직원이 지켜보는 앞에서 분신이나 다름없는 휴대전화와 무선전화기가 불길에 휩싸였다. 당시 돈으로 500억 원이 넘는 제품이었다. 애니콜 신화의 주역 이기태 사장은 당시를 이렇게 회고한다.

"내 혼과 정성이 담긴 제품이 불길에 휩싸이는 모습에 만감이 교차했다. 그런데 이상하게도 불도저가 잿더미를 짓밟는 순간 결연함이 생겨났다."

월드 베스트 애니콜의 성공신화는 분신이 불길에 던져지는 고통 속에서 만들어졌다.

보이지 않는 손의 역할

승리를 향한 행군 대열에는 무명용사들도 있다. 여기에서 무명용사라 함은 삼성전자 생산라인의 여사원들이다. 숱한 삼성전자 성공신화의 뒤켠을 책임지던 그들. 오너의 탁월한 리더십, 전문경영인의 무용담, R&D 분야의 꺼지지 않는 불빛, 구조본의 철저한 과정관리 등이 화려한 스포트라이트를 받으며 주목받을 때 그들은 보이지 않는 손의 역할에 충실했다. 빠른 기동력, 최강의 기술과 디자인, 과감한 의사결정도 그들 무명용사들의 보이지 않는 손끝에서 구현되면서 현실화된 것이다.

우리 민족은 손을 이용한 도구 활용에 아주 강하다. 올림픽 메달박스를 보자. 양궁, 배드민턴, 하키, 사격 등은 모두 손과 도구가 결합된 종목이다. 문화의 영역에서도 선풍을 일으키고 있는 난타나 사물놀이도 신명난 손놀림 속에서 탄생했다. 어려웠던 근대화 과정에서 섬유, 신발, 가발 등을 만들어 낸 손놀림은 수출의 기반이었고 배를 조립하고 기계를 용접하던 손은 중공업 육성의 견인차가 되었다. '손은 제2의 뇌'라는 말이 있다. 손의 사령실이 잘 발달된 사람은 손놀림이 민첩하고 정교해서 위대한 과학적 창조물이나 예술품을 만들어낼 수 있다. 우리에게는 쇠젓가락으로 콩을 자유자재로 드는 손의 정교함이 있다. 철학자 칸트도 "손은 눈에 보이는 뇌의 일부"라고 말했다. 삼성전자를 월드 베스트로 이끈 데에는 우리의 정교한 손놀림이 있었다.

디지털의 디지트(Digit)는 손가락을 뜻한다. 디지털과 손은 21세기를 이끄는 찰떡궁합이다. 삼성전자의 저력인 반도체, 휴대전화는 손의 정밀함과 섬세함을 먹고산다. 삼성의 손놀림은 D램, S램, 애니콜 등을 월드 베스트로 만들었다. 디지털과 삼성전자의 차원이 다른 손이 만나면서 월드 베스트가 창조되고 있는 것이다.

온리 1으로 월드 베스트가 되라

누구에게나 자기만의 온리 1이 있다. 말을 잘하는 사람은 말을 잘하는 것이 재능이다. 말을 더듬거나 어눌하게 하는 사람은 말을 잘하는 줄에 서 있으면 핸디캡이다. 말을 잘하는 것과 말을 더듬는 것은 말 잘하는 것을 표준으로 보면 재능과 핸디캡이지만 그 사람이 갖고 있는 각각의 본질, 온리 1이기도 하다. 잭 웰치는 어린 시절 심각한 말더듬이였다. 그의 자서전에는 이런 대목이 나온다.

"나는 말을 더듬는 습관을 가지고 있었는데 여간해서 잘 고쳐지지 않았다. 가끔씩 말을 더듬어서 낭패를 당하거나 우스운 사건을 일으키곤 했다. 대학에 다닐 때, 가톨릭에서는 금요일에 고기를 먹는 것을 금했기 때문에 나는 종종 참치 샌드위치를 주문했다. 그런데 웨이트리스는 '차-참치(tu-tuna) 샌드위치요.' 라는 내 주문을 '두 개의 참치(two tuna)'로 알아듣고 하나가 아닌 두 개의 샌드위치를 가져오곤 했다.

어머니는 내가 말을 더듬는 이유를 완벽하게 설명해 주었다. 어머니는 내게 '그건 네가 너무나 똑똑하기 때문이란다. 어느 누구의 혀도 네 똑똑한 머리를 따라갈 수는 없을 거야.' 라고 말했다. 사실 나는 수년 동안 내가 말을 더듬는다는 것을 전혀 깨닫지 못했다. 나는 어머니의 말을 아무런 의심 없이 그대로 믿었다. 단지 머리가 입보다 훨씬 더 빨리 움직이기 때문이라는 그 말을 말이다."*

---

*잭 웰치, 《끝없는 도전과 용기》, 청림출판, 2001.

말을 더듬는 약점을 잭 웰치의 어머니는 생각이 빠르고 똑똑하기 때문이라는 강점으로 바꿔 버렸다. 말을 더듬는 것을 핸디캡이 아닌 온리 1으로 바꿔 버린 것이다. 잭 웰치는 어머니로부터 '자신감'이라는 큰 선물을 받았고 그 선물은 최고의 CEO를 만드는 토대가 된다.

신산(神算), 신의 계산 바둑의 이창호. 그는 말을 잘하고 못하고를 떠나서 아예 입을 꿰맨 듯 말이 없다. 별명 그대로 돌부처다. 이창호의 온리 1은 태산 같은 말없음이다. 길고 깊고 느릿하여 결코 흔들리지 않는다. 상대는 지루하고 답답하다. 이창호는 전투를 해서 이기기도 하지만, 상대를 스스로 무너지게 해서도 이긴다.

탤런트 권상우는 다 좋은데 말이 문제다. 항상 발음이 안 좋다는 지적을 받는다. 어느 날 권상우가 자기 입장을 이렇게 밝힌다. "내가 성우처럼 발음을 정확하게 하고 나서 연기를 시작했다면 과연 저의 오늘이 있었을까요?"

온리 1은 나만이 갖고 있는 본질이다. 넓고 넓은 지구상에, 많고 많은 사람 중에 나만이 갖고 있는 전략이며 차별점이다. 자연스럽게 월드 베스트가 되는 것이다. 따라서 온리 1은 황제로 가는 지름길이다. 마이클 조던은 농구, 이창호는 바둑, 슈마허는 자동차, 타이거 우즈는 골프, 펠레는 축구가 온리 1이다. 안철수는 의사의 길보다 컴퓨터 바이러스 백신 제조가 온리 1이었기에 방향을 틀었다. 빌 게이츠는 온리 1을 발견하자 하버드를 중퇴했다.

삼성전자는 '경박단소(輕薄短小)'가 온리 1이다. 기술의 슬림

(Slim), 빠른 스피드가 본질이며 강점이다. 태평양은 화장품이 온리 1이다. 신시장을 찾아 증권, 생명보험 등에도 진출했지만 그것은 자신의 것이 아니었다. 다시 태평양의 본질로 돌아왔다.

월드 베스트가 되고 싶거든 온리 1으로 승부하라. 그것은 내가 좋아하는 것을 하는 것이다. 그것은 내가 잘하는 것을 하는 것이다. 그것은 내가 하고 싶은 것을 하는 것이다.

16 적은 바로 내 안에 있다

고릴라는 준비와 연습이 없다.

게릴라는 끊임없이 단련하고 혁신한다.

고릴라는 고정관념과 친구지만

게릴라는 일상성을 거부하며 창조적으로 적응한다.

고릴라는 먹을 것이 달려 있는 나무만 본다.

게릴라는 나무도 보지만 그 뒤에 숨겨진 큰 그림 숲도 본다.

고릴라는 모르는 길은 가지 않는다.

게릴라는 없는 길도 만들며 간다.

고릴라는 먹는 것만 먹고 만나던 대상들과만 만난다.

게릴라는 적과의 동침도 불사하며 유연하게 네트워킹을 한다.

고릴라는 현실에 안주(安住)한다.

게릴라는 이노베이션한다.

고릴라는 죽고,

게릴라는 산다.

미국 애리조나주의 피마 인디언 자치구역에 사는 인디언들은 일을 하지 않아도, 사냥을 나가지 않아도 먹고사는 데 지장이 없다. 보호구역에만 머물면 주(州) 정부에서 식량을 지원해 준다. 육류를 비롯한 고(高)칼로리의 음식에서 빵에 이르기까지 다양한 메뉴가 지원되자 인디언들이 말 타고 사냥하던 이야기는 아득한 전설이 되었다.

그들은 행복했을까? 그렇지 않았다. 그들에게는 재앙이 닥쳤다. 피마 인디언의 51퍼센트가 당뇨를 앓고 있으며 나머지는 비만과 무기력증에 시달리고 있다. 일하지 않고 사냥을 하지 않고 '먹고, 텔레비전 보고, 자고'를 반복하다 보니 늘어나는 몸무게를 주체할 길이 없었다. 대평원을 누비며 백인들의 간담을 서늘케 했던 용맹스런 게릴라 인디언도 혁신하지 않고 머무르면 당뇨와 비만의 고릴라가 된다.

사람들이 부자가 되지 못하는 이유는 무엇일까?《부자 아빠 가난한 아빠》의 저자 로버트 기요사키는 부자가 되지 못하는 5가지 원인으로 '두려움, 냉소주의, 게으름, 나쁜 습관, 거만함'을 든다.

'두려움, 냉소주의, 게으름, 나쁜 습관, 거만함.' 부자가 되지 못하는 이 5가지 이유는 세상의 다른 모든 일에 적용해도 무리가 없을 듯싶다. 골프 실력이 제자리에 머무는 이유, 경영실적이 부진한 이유, 건강이 안 좋은 이유, 살이 찌는 이유, 담배를 못 끊는 이유, 사무실의 분위기가 안 좋은 이유 등 부진의 모든 원인은 바로 부자가 되지 못하는 이유와 같다.

두려움, 냉소주의, 게으름, 나쁜 습관, 거만함 속에는 변화에 대한 두려움과 불가능하리라는 고정관념이 숨겨져 있다. 현실에 머무르고 싶은 이 고정관념의 벽을 깨야 부자가 될 수 있다. 고정관념의 선을 넘어야 프로가 될 수 있다.

우리의 적(敵)은 멀리 있지 않다. 나의 내부에 있는 변하지 않겠다는 이 단단한 고정관념이 최대의 적(敵)이다.

타이거 우즈의 이노베이션

천하의 타이거 우즈도 슬럼프가 있다. 화려하게 필드를 누비며 최고의 전성기를 구가하다가도 어김없이 부진이 들이닥친다. 승자와 패자의 차이는 실력 차이만이 아니다. 집념과 열정의 차이다. 승리 뒤의 포만감으로 정신이 이완되면 몸도 느슨해진다. 이것은 부진을 낳는다.

1996년 프로에 데뷔한 타이거 우즈는 1997년 마스터스 대회가 메이저대회 첫 출전이었다. 대회 최연소 우승, 대회 최저타 기록, 프로 데뷔 후 최단 기간 우승, 첫 흑인 우승이라는 전대미문의 기록을 달성하고 그린재킷을 걸쳤다. 1997년 4월 14일은 타이거 우즈에게 역사적인 날이었다. 어느 골프평론가는 "골프는 이날을 기점으로 'BT(Before Tiger Woods)와 AT(After Tiger Woods)'로 구분해야 한다."며 너스레를 떨기도 했다.

대회 최종 라운드는 미국의 1천3백만 가구에서 4천4백만 명의 시청자가 텔레비전을 주시했다. 광고 프로모션 업계에서는 마이클 조던을 능가하는 최고의 빅 모델이 나타났다며 타이거 우즈 영입에 나섰으며, 에이전트인 IMG에는 무려 49개 업체가 광고계약을 얻어 내겠다고 몰려들었다. 백악관의 클린턴 대통령의 저녁식사에 초대받았고 가는 곳마다 환호의 물결이 넘쳤다. 돈과 명예, 찬사가 한꺼번에 들이닥쳤다.

그 이후로도 타이거 우즈는 계속해서 승승장구했을까? 어린 타이거는 1위라는 달콤함에 취했다. 땀 흘리는 훈련보다 파티가 좋았고 스승 부치 하먼의 쓴 소리보다 인터뷰에서 듣는 칭찬이 더 좋았다. 타이거 우즈는 1999년 PGA챔피언십 대회까지 무려 28개월 동안 메이저대회 우승이 없었다. 시즌별 상금도 1997년 206만 달러, 1998년 184만 달러로 이때가 가장 초라했다.

'2년생 징크스', '호랑이가 아니라 고양이' 등 타이거 우즈를 수식하는 단어들은 그의 부진을 조롱했다. 열기는 어느새 시들해지기 시작했고 유망주 타이거 우즈도 이제 '그들 중의 하나'가 되는 듯했다.

1차 이노베이션

"혁신 없이 현실에 안주했다." 자신을 이렇게 진단한 타이거 우즈는 '변화'라는 메스를 꺼내든다. 사람을 바꾸고 시스템을 개선하고 가혹한 연습 프로그램으로 자신을 단련한다.

우선 인적 청산이다. 먼저 캐디를 바꾼다. 하얀 코털 수염으로 유명한 마이크 코윈을 해고하고 뉴질랜드 출신의 스티브 윌리엄스를 맞이한다. 에이전트인 IMG의 휴즈 노튼을 마크 스타인버그로 교체한다.

다음은 시스템의 일원화다. 아버지의 그늘에 머물던 타이거 우즈는 단호하게 아버지 얼 우즈를 2선으로 돌리고 모든 결정의 정점에 자신이 선다. 스승 부치 하먼과 아버지와의 가르침에서 혼선을 빚던 타이거 우즈는 학습 시스템을 부치 하먼으로 일원화한다.

이제 타이거 우즈 자신의 솔선수범과 피나는 혁신이 남았다. 고강도 체력단련과 스윙 교정 훈련 프로그램으로 자신을 달군다. 그랜드슬램이라는 목표를 설정하고 현존하는 골프 황제 잭 니클로스를 능가하겠다며 가혹하리만큼 자신의 몸과 마음을 담금질한다.

결과는 놀라웠다. 1999년 PGA챔피언십으로 화려하게 복귀 신고를 하더니 2000년 US오픈, 브리티시 오픈, PGA챔피언십, 그리고 2001년 마스터스 대회까지 4개 메이저대회를 싹쓸이했다. 상금 규모는 1999년 661만 달러, 2000년 919만 달러로 늘어났고, 골프 황제라는 영광스러운 칭호가 타이거 우즈를 수식하기 시작했다.

2차 이노베이션

2004년을 결산하는 자리에 타이거 우즈는 없었다. 다승왕, 상금왕, 올해의 선수상 등 3관왕의 영광은 경쟁자 비제이 싱에게 돌아갔고 승수도 1승에 지나지 않았다. 선두기업이 도전기업에게 1위

자리를 내주는 것은 강력한 강자의 출현, 아니면 1위 기업 스스로의 몰락이다. 타이거 우즈는 두 요인이 서로 맞물린 경우였다.

강력한 강적은 비제이 싱이다. 불혹을 넘긴 42살의 나이, 그는 정상에 오르기 위해 '타도, 타이거'라는 도전목표를 설정했고 강인한 체력단련을 위한 훈련을 실시했으며 다양한 연습으로 스윙을 가다듬었다.

1차 이노베이션의 성공으로 골프 황제에 등극한 타이거 우즈는 나이키를 비롯한 뷰익자동차, 아메리칸 엑스프레스 카드 등과 스폰서 계약으로 수억 달러의 현금을 챙겼다. 가는 곳마다 황제를 연호하는 소리가 들끓었다. 그러나 이런 현실은 다시 그의 성장을 붙들기 시작했다. 스승 부치 하먼의 잔소리도 지겨워졌다. 서로를 비난하는 갈등의 단계에까지 접어들더니 돌아올 수 없는 다리를 건넜다. 타이거 우즈를 통제할 수 있는 장치는 모두 제거되었다. 그러나 타이거 우즈는 자유롭지도 행복하지도 못했다. 타이거 우즈는 비제이 싱, 어니 엘스, 필 미켈슨 등 2인자 그룹에도 뒤처지며 '호랑이가 아닌 고양이'처럼 평가되었다.

다시 타이거 우즈는 2차 이노베이션에 들어간다. 그는 먼저 그린베레 훈련을 자청한다. 2004년 마스터스에서 볼품없는 경기로 일관한 타이거 우즈는 노스캐롤라이나 주에 있는 브래그 기지에 입소하여 특수훈련을 받는다. 그린재킷을 걸치는 대신 그린베레모를 쓴 타이거 우즈는 1만 3천5백 피트의 낙하산 훈련을 했고 구보, 유격 등 가혹한 훈련을 소화했다. 이어 새로운 스승으로 헹크 헤이니를 영입하여 스윙을 교정하고 가다듬었으며 러닝, 벤치 프레스, 윗몸 일으키기, 근력운동 등으로 몸을 만들었다.

돌아온 타이거 우즈는 가공할 만한 위력을 발휘한다. 2005년 메이저대회 4개 중 마스터스, 브리티시 오픈 우승, US오픈 준우승, PGA챔피언십 공동 4위 등으로 화려하게 복귀했고 다시 월드 랭킹 1위, 상금왕, 다승왕 등을 향해 힘찬 발걸음을 내딛었다.

타이거 우즈도 사람이다. 성공 뒤에 몰려오는 자만심과 현실에 안주하고 싶은 본능이 있다. 그에게도 당연히 슬럼프가 있다. 그러나 황제는 거기에 머무르지 않았다. 자신을 채찍질하고 단련하는 고통스런 이노베이션 프로그램으로 스스로를 혁신하였고, 다시 정상의 자리에 복귀했다. 타이거 우즈를 타이거 우즈이게 하는 건 이노베이션이었던 것이다.

삼성전자의 이노베이션

이건희의 이노베이션 5계명

2002년 6월 한반도는 뜨거웠다. 월드컵 4강 신화, 거리와 광장은 온통 붉은 물결이었고 태극기 물결과 함께 '대한민국'을 연호하는 응원소리가 끊이지 않았다.

2002년 6월 전자업계에도 월드컵 4강 못지않은 신화창조가 있었다. 삼성전자의 시가총액이 처음으로 소니를 앞질렀다. 삼성전자가 소니를 이겼다는 것은 전자업계의 청출어람(靑出於藍)이었다. 이때를 계기로 소니의 이데이 회장은 "삼성전자가 소매분야에서 소니를 앞질렀다. 수익구조를 분석하라."는 지시를 내렸다. 삼성전자 임직원들은 모두 기뻐했다. "소니를 이기다니, 소니를 넘어 세계로"라는 들뜬 분위기가 지배적이었다. 승리의 기분을 만끽하며 축배를 준비할 즈음 이건희 회장은 이노베이션 5계명을 발표한다.

1 회사 자랑하지 마라.

2 거래처에서 골프 향응 받지 마라.

3 무리하게 상을 받으려 하지 마라.

4 과대 선전하지 마라.

5 모임에서 말을 하지 마라.

벤 호건(Ben Hogan)이라는 골퍼가 있었다. 메이저대회를 모두 우승한 그랜드슬래머다. 2차 세계대전 후 미국의 희망이라 불리던 골퍼다. 그런 벤 호건이 어느 해 메이저대회에서 우승하더니 우승 기념 파티가 열리는 클럽으로 가는 것이 아니라, 샌드웨지(Sand Wedge)를 들고 벙커로 향하는 것이 아닌가. 이유를 묻자 "오늘 벙커 샷에 문제가 있어 교정을 해야 하기 때문"이라는 것이 그 이유였다. 위대한 골퍼 뒤에는 위대한 자기만의 혁신이 있었던 것이다.

삼성전자의 숙원이었을 소니 추월이 현실화되자, 이건희 회장은 파티장으로 향한 것이 아니라 경영의 벙커로 달려갔다. 그는 삼성 인력개발원에 최고경영자들을 소집하여 "경영자는 3~4년 안에 결실을 얻을 수 있는 묘목사업과 5~10년 뒤 주력사업이 될 씨앗

품목을 찾아 전략을 수립할 것", 그리고 "경영자는 1년의 절반 이상은 시장을 파악하고 나머지 절반은 미래를 통찰하고 전략을 구상하라."는 특별지시를 내린다. 현재의 성공이나 현실에 안주하지 말고 미래를 향한 도전의 고삐를 늦추지 말자는 것이었다.

메기와 개구리, 그리고 이노베이션의 역사

삼성전자의 혁신 히스토리에는 '메기와 개구리'가 등장한다. 먼저 메기론(論)이다. 미꾸라지가 모여 있는 웅덩이에 메기 한 마리를 넣으면 고통을 넣는 것이 아니라 활력을 넣는다는 이론이다. 미꾸라지들이 메기에 잡혀 먹지 않기 위해서 움직임이 기민해지고 팔딱팔딱 살아 있어 건강하고 생기 있다는 것이다. 경영의 연못에 메기라는 고통과 도전의 존재가 있어야 조직이 그만큼 활력 있고 민첩하게 움직일 수 있다는 교훈이 숨어 있다.

삼성전자의 신입사원 교육에는 개구리를 물에 넣어 실험하는 화면이 등장한다. 좋아할 만한 적당한 온도의 물에 개구리를 넣고 서서히 물을 가열하기 시작하면, 개구리는 뛰쳐나오지 않고 그 물 속에서 서서히 죽어 간다. 반면 뜨거운 물에 개구리를 집어넣으면, 개구리는 곧바로 뛰쳐나오고 생명을 유지할 수 있게 된다. 현실에 안주하면 살아남을 수 없다는 메시지를 전해 주는 것이다.

잭 웰치의 '활력곡선(Vitality Curve)'도 바로 '메기와 개구리'이론과 맥을 같이한다. GE 회장으로 부임한 잭 웰치는 거대한 공룡을 살리기 위해 인적자원을 A, B, C 세 등급으로 나눈다. 20퍼센트의 A급은 핵심인재로 구분하여 중점관리하고 B급 70퍼센트는 육성한다. 그러나 나머지 10퍼센트 C급은 정리한다. 가장 활성화되는 계층은 B급 70퍼센트로 C급으로 가지 않기 위해 최선의 노력을 다한다. 거대한 공룡이 오랜 잠에서 깨어나 생기를 되찾기 시작한 것은 바로 생존을 위한 끝없는 자기혁신이었다.

닛산자동차 CEO로 부임한 카를로스 곤의 별명은 두 가지다. 하나는 '세븐 일레븐(Seven Eleven)'이고 다른 하나는 '코스트 커터(Cost Cutter)'다. '세븐 일레븐'은 아침 7시부터 밤 11시까지 일한다고 해서 붙여졌고 '코스트 커터'는 비용이 될 만한 모든 것을 냉혹하게 잘라 낸다고 해서 별명이 되었다. '세븐 일레븐과 코스트 커터'의 효과는 엄청났다. 6천6백억 원의 적자를 보이던 닛산은 1년 만에 3조 3천억 원의 흑자 기업으로 거듭났다.

삼성전자의 역사는 이노베이션의 역사다. 우리 기업사를 빛나게 하는 수많은 혁신의 발자취를 만들고 있다. 신경영 선언, 외환위기 탈출을 위한 변화와 구조조정 이야기는 한국경제의 경영혁신 교과서가 되고 있다. 삼성전자는 그들의 이노베이션 과제를 완수하는 순간 그들 순이익의 단위를 바꾸어 놓는다. 마누라와 자식만 빼고 다 바꾸자는 신경영 이노베이션의 마무리와 함께 순이익 규모가 천 억대에서 조 단위로 약진하였다. 위환위기 당시 구조조정 기간

중 선택과 집중, 전략적 제휴 및 과감한 사업매각, 인원감축 등을 통한 이노베이션 결과, 이익 규모는 조 단위에서 십 조 단위로 비약적인 성장을 하였다.

놀라운 이노베이션 결과다. 그런데 이노베이션은 어렵고 괴로울 때만 하는 것이 아니다. 비전을 설정하고, 한 방향을 바라보고, 선택하고 집중하여 핵심역량을 토대로 성과라는 꽃을 피우기 위해 항상 추진하는 것이 이노베이션이다.

혁신은 개선이 아니다. 사소한 개선을 혁신으로 착각하고 자기만족에 빠지는 오류를 범해서는 안 된다. 이노베이션(혁신)은 이미테이션(모방)도 아니다. 이노베이션은 기본적으로 낡은 모든 것과의 단절을 의미한다. 혁신은 기존의 모든 모델이나 방식에서의 탈출과 비약을 내포하고 있다. 혁신은 강한 저항을 수반하고 있는 만큼 위험부담도 크다. 따라서 성공 가능성에 대한 부담도 있다. 오랜 시간 인내심과 고통을 요구한다. 그러나 바로 거기에 미래를 지배하는 유일한 방법이 있다. 나의 적은 바로 내 안에 있다.

넘버 원을 위협하는 것은 두 가지다. 강력한 강자의 출현과 스스로 무너지는 것. 그런데 강적(强敵)보다 무서운 것이 있다면 그것은 바로 자만심이다.

삼성 라이온즈의 선동렬 감독은 한국에서는 '무등산 폭격기', 일본에서는 '주니치의 수호신'으로 불린 국보급 투수였다. 은퇴선언 이후 가진 인터뷰에서 기자들이 그에게 선수시절 최고의 라이벌이 누구였는지 묻자, 선동렬은 조용히 그리고 단호하게 '선동렬'이라고 말했다. 선동렬 안에 선동렬의 적 선동렬이 있었던 것이다. 안에 있는 선동렬이 '쉬었다 가자, 이만하면 이룰 것은 이루지 않았느냐'며 자꾸 안주하자고 한 것이다.

삼성전자 윤종용 부회장은 외환위기 직전이나 요즘이나 "지금은 최대 위기"라는 말을 되풀이한다. 연간 수조 원의 순이익을 기록하는데도 아직도 '위기'라며, 그는 최근 한 인터뷰에서 이렇게 말했다.

"조금만 자만했다가는 금방 위기에 처하는 게 인간사회 법칙이지요. 얼마나 많은 기업들이 환경 변화에 둔감하여 방심하다가 나락에 떨어졌습니까. 게다가 전 세계 경쟁업체들이 '타도 삼성전자'를 부르짖으며 우리의 방심과 실수를 기다리고 있지요."

그는 위기의식을 고취하기 위해 사내경쟁을 강조한다.

"위기를 강조하면 직원들이 움츠러든다는 사람들이 있는데, 일상화되면 경쟁력이 됩니다. 우리는 반도체, 휴대전화, LCD를 모두 만들지만 부품은 꼭 삼성 것을 고집하지 않습니다. 대략 3분의 1은 다른 회사 것을 사용합니다. 외부 정보도 들어오고, 우리 내부에서 경쟁이 벌어집니다. GS에서 만들었든, 일본제든 좋은 가격에 좋은 품질이라면 적극적으로 사들입니다."

그는 삼성전자에 대해 "아직도 고정관념과 타성, 형식주의, 이기주의, 권위주의가 남아 있고 느린 스피드도 고쳐야 한다."고 냉철하게 평가하며, "잘 나가던 기업이 한 번 발을 헛디뎌 추락한 경우가 적지 않다. 삼성전자가 지금 잘 나간다고 해서 마음을 놓으면 안 된다."고 말했다.

삼성전자가 지금의 실적에 안주하지 않고 항상 신수종 산업을 모색하는 것도 같은 이유다. 이건희 회장도 삼성전자 CEO들을 만날 때마다 "반도체나 정보통신 사업은 시장이 대단히 빠르게 변하므로 10년 뒤를 생각해 연구개발에 나서야 한다."고 늘 강조한다.

이노베이션은 현실에 안주하려는 나를 일으켜 세우는 것이다. 그리고 새로운 목표를 설정하여 달려가는 것이다. 잭 니클로스는 타이거 우즈가 넘어야 할 산(山)이다. 잭 니클로스의 메이저대회 우승은 18승, 2005년 현재 타이거 우즈의 메이저대회 우승은 10승. 타이거는 이제 잭 니클로스라는 산의 5부 능선을 막 넘어섰다. 잭 니클로스는 평생을 아놀드 파머, 게리 플레이어와 라이벌로 불리며 치열한 경쟁을 하였다. 사람들은 이들 세 명을 '황금의 빅 3'라고 부른다. 잭 니클로스도 누가 진정한 라이벌인가라는 질문에 '잭 니클로스'라고 말했다. 자신의 최대 라이벌은 바로 자신이라는 것이다.

타이거 우즈의 적은 타이거 우즈 자신이다.
삼성전자의 적은 삼성전자 자신이다.
자신을 혁신(Innovation)해야,
끊임없이 자신을 타파(Innovation)할 수 있어야
황제는 황제일 수 있다.

마케팅 詩人 김광호의
프리젠테이션 콘서트

1 **삼성전자와 타이거 우즈** SAMSUNG ELECTRONICS & TIGER WOODS
월드 베스트는 어떻게 창조되는가?

신화 이면에 숨겨져 있던 보석 같고 땀방울 같은 16가지 교훈. 한 아시아의 후발 기업과 미국의 한 혼혈 젊은이가 마침내 글로벌 챔피언 된 원동력은 무엇인가? 그들에게는 꿈이 있었다. 그리고 연습과 학습이 있었다. 깊이 생각했고, 위대한 조련사가 있었고, 경쟁과 싸움을 통해 커 나갔다. 스피드가 있었고, 바닥부터 다져 나갔으며, '온리 원'을 탄생시켰다. 마침내 황제의 반열에 오른 그들의 성장 과정에는 '수신제가치국평천하'의 지혜가 담겨 있다.

- **토픽** 삼성전자와 타이거 우즈: 두 황제의 16가지 교훈
- **시간** 2H, 3H
- **강의 전개** 1. 꿈이 있었다　　　 2. 수신
　　　　　　　 3. 제가　　　　　　 4. 치국
　　　　　　　 5. 평천하　　　　　 6. 적은 바로 내 안에 있다

2 **골프와 경영** Golf & Management
골프에서 배우는 리더십과 프로페셔널

타이거 우즈의 열정, 아니카 소렌스탐의 연습, 존 델리의 힘, 그렉 노먼의 절망과 한숨, 잭 니클로스의 아름다움과 패배, 박세리의 위기 탈출, 김미현의 반전 등 골프에서 배우는 리더십과 프로정신.
골프의 속성은 거리와 방향, 그리고 속도다. 경영의 요소와 일치한다. 거리가 매출이라면 방향은 이익이다. 디지털 시대의 변화와 창조를 위한 교훈이 골프에 담겨 있다.

- **토픽** 골프와 경영: 골프에서 배우는 경영 마인드
- **시간** 2H, 3H
- **강의 전개** 1. 골프는 유능한 참모　　　2. 골프에서 배우는 프로페셔널
　　　　　　　 3. 골프와 리더십　　　　 4. 출사표를 던져라

〈포천〉지 선정 500대 기업의 98%의 CEO들이 골프를 친다고 한다. 리더들의 커뮤니케이션의 중심에는 골프가 자리잡고 있다. 최고의 리더들이 선택한 골프와 경영의 교훈을 직접 만난다.

③ 골프 마케팅 Golf & Marketing
지금 당신이 찾고 있는 사람은 골프장에 있다.

고객의 귀를 사로잡아라. 고객의 관심이 무엇인가를 찾고 그 부분을 재미있게 이야기하는 사람이 고객을 사로잡는다. 마케팅의 귀재들은 모두 이야기꾼이다. 골프는 새로운 이야기, 듣고 싶은 이야기, 재미있는 이야기가 무궁무진한 커뮤니케이션의 창고다.

- **토픽** 골프 마케팅 프로그램: 부자 공략의 전진기지
- **시간** 2H, 3H
- **강의 전개** 1. 마케팅의 지도가 바뀌었다.　　 2. 커뮤니케이션과 네트워크
　　　　　　　 3. 골프 마케팅 액션 플랜 10단계 4. 실전 비즈니스 골프 요령

④ 변화와 혁신 Transition & Innovation
고릴라는 죽고, 게릴라는 산다!

고릴라는 준비와 연습이 없지만, 게릴라는 끊임없이 연습하고 혁신한다. 고릴라는 고정관념과 친구지만, 게릴라는 일상성을 거부하며 주어진 환경에 창조적으로 적응한다. 고릴라는 만나는 사람이 제한적이지만, 게릴라는 때로는 적과의 동침도 불사하며 유연하게 네트워킹을 만든다.

- **토픽** 변화와 혁신: 변화할 것인가, 변화 당할 것인가
- **시간** 2H, 3H
- **강의 전개** 1. 변화의 리더십, 열정　　　2. 스승에게 길을 묻다
　　　　　　　 3. 프로페셔널　　　　　　 4. 변화와 혁신을 위한 5가지 전략